JN025331

行政書士のための

要件事実の基礎

第2版

日本行政書士会連合会
中央研修所

監修

日本評論社

第2版発刊にあたって

　日本行政書士会連合会（以下「日行連」という）中央研修所監修で発刊された『行政書士のための要件事実の基礎』が、このたび第2版として改訂される運びとなりました。

　「要件事実・事実認定」の手法は、特定行政書士に限らず行政書士にとって、必須のスキルであると言えます。もとより行政書士には、予防法務の専門家として「将来紛争が生じたときに備え証拠能力の備わった文書を作成すること」が求められています。そのためには、「要件事実・事実認定」の知識が必要不可欠であり、そのニーズは今後ますます大きくなることでしょう。

　振り返れば、特定行政書士制度が認められた平成26年12月の改正行政書士法施行から5年の歳月が流れました。この間、毎年実施される特定行政書士法定研修（平成27年度から令和元年度に実施された5年間）により、4,224名の特定行政書士が誕生しました。

　特定行政書士の誕生は、限られた範囲ながら法的紛争性のある法律事務分野に歩を進めたという点で、行政書士制度の画期的な前進でした。そこに安住することなく、国民と行政をつなぐ重要な役割を担う法律専門職者としてさらに能力を高め、責任を果たしつづけるべく、研鑽を積まなければなりません。

　また、現在に目をむけると、「行政書士法の一部を改正する法律」が去る12月4日に公布されたところです。今回の改正は、行政書士法の目的に「国民の権利利益の実現に資すること」が追加されたこと、また行

政書士会による注意勧告に関する規定が新設されたこと、行政書士法人について、いわゆる一人法人が法定されたことをその内容としています。これは、行政書士の業務の多様化と、それに伴いより高度な職業倫理・専門家責任が求められている実態に即した改正ということができます。

　より一層、行政に関する手続の円滑な実施に寄与し国民の権利利益の実現に資するため、日行連においては、引き続き、各種研修による実務能力の練成とコンプライアンスの強化に努めてまいる所存です。

　本書については、民事訴訟における要件事実論及び行政訴訟（主に抗告訴訟）における訴訟物・要件事実論を基礎から学べるテキストとしております。本書が、すべての行政書士、行政書士試験を受験される皆様、要件事実論を勉強される皆様の一助となることを期待しております。

　最後に、本書を取りまとめていただきました弁護士の野村創先生、藤代浩則先生、佐藤美由紀先生、堀口雅則先生、城石惣先生、野中英匡先生に深謝申し上げます。

令和2年6月

日本行政書士会連合会
会長　常住豊

行政書士のための

要件事実の基礎

もくじ

第2部　　**行政訴訟編**

第1部

民事訴訟編

第1章　民事訴訟法総論

藤代浩則

I ＊ 民事訴訟法の概要

1……民事訴訟法の意義

　法体系は憲法を頂点として、大きく分けて示すと民事法の分野と刑事法の分野とがある。民事法の分野は、金銭の貸し借りあるいは交通事故による賠償金の請求など、私人間のトラブルに関する法律的な解決に関わるものである。これに対して刑事法の分野は、犯罪に関わる法律分野である。

　この民事法の分野をさらに分けると、民法・商法という分野と民事訴訟法という分野に分かれる。民法・商法分野は、どのような場合に権利あるいは義務が発生し、どのような場合にそれが消滅するのかについて定めている法分野であり、商事関係であれば商法、それ以外の私人間関係であれば民法が扱う。このように権利・義務の発生および消滅という実体関係を扱うことから実体法といわれている。

　ところで、実体法である民法・商法で、権利があると定められても、相手方がその義務を果たさなければ意味をなさない。権利を実現し、義務を果たさせる必要がある。この実体法上の権利・義務を実現させるための手続に関して定めているのが民事訴訟法である[1]。

　すなわち、金銭消費貸借契約を例に説明すれば、AがBに対して500万円を貸したとする。しかし、Bは約束の期限が来てもAに返さない。そこでAとしてはBに対して500万円の請求をすることになるが、まず

---

1) 民事訴訟の目的をどのように解するかについて「訴権論」という議論の対立がある。伊藤眞『民事訴訟法（第6版）』（有斐閣、2018年）17頁。

はAがBに対して500万円の返還を求める権利があるのかを公的に確認する必要がある。そして、Bに対して実際に金銭を強制的に取り上げる手続が必要となる。これらの手続を定めている法律が民事訴訟法である。刑事事件においては、刑法上の犯罪が成立するからといって、ただちに処罰できず、処罰するための手続を規定した法律つまり刑事訴訟法が必要なのと同じことである。

　民事訴訟法は、実体法である民法・商法との対比から手続法とよばれている。

　さらに、この民事訴訟法の分野においても、実体法上の権利を実現するために裁判所に訴えを提起してから判決が確定するまでの手続に関して定めた狭義の民事訴訟法と、判決が確定した後に、その判決に基づいて権利を強制的に実現するための強制執行手続に関する民事執行法という分野とに分かれる。このうち、本書は狭義の民事訴訟法の分野に絞って解説を進めていく。

2……民事訴訟法の特質

（1）実体法（民法、商法等）との関係

　私人間の紛争は、通常、一定の私法上の権利または法律関係の存否をめぐる主張の対立という形をとる。これが訴訟においては、実体法が定める権利または法律関係の発生・変更・消滅を規定する法規の要件に該当する事実の存否についての主張・立証の争いになる。そして、裁判所は、これら両当事者の主張・立証の結果に基づいて要件事実の存否を認定し、権利または法律関係の存否を判断し判決に至る。このように、訴訟においては、実体法は裁判内容の基準として作用する。他方、私法上の権利または法律関係は、訴訟を通じて具体化、実在化され、その権利性が復元されるともいえる。その意味において、民事訴訟は、実体法上

の権利関係を観念的に形成・処分するプロセスともいえる。

（2）手続法固有の要請

　私法上の権利関係の判定・形成をどのような手続形式で行うかを規律する法規が民事訴訟法である。そこで、民事訴訟法には、裁判の公正とこれに対する国民の信頼の確保（手続安定の要請）、効率的かつ経済的であること（訴訟経済の要請）、裁判所による定型的・画一的処理（画一的処理の要請）、および迅速な事件処理（迅速性の要請）が求められている。

　実体法と訴訟法との間に連動・対応関係は認められるところであるが、完全なものではない。したがって、手続法解釈の問題として、実体法との関係をも常に検討していく必要がある[2]。

3……第1審手続の概略

（1）第1審手続の流れ

　訴えを起こすには、裁判所に訴状を提出しなければならない。提出された訴状を裁判所が審査する。この審査を訴状審査というが、裁判所においては、訴状に法律上必要なことが書いてあるかどうか、手数料である印紙が適正な金額のもので貼られているのかを審査する。訴状審査が終わると被告に訴状が送達される。

　裁判所は、原告、被告の双方に裁判所に来てもらって法廷を開き審理する必要があるので、一定の日時を決めて呼び出すことになる。この場合、原告とは事前に期日の調整をするが、被告に対しては訴状と併せて呼出状を送る。訴状および呼出状を受けた被告は、裁判所が指定した日までに訴状に対する認否・反論を書いた答弁書を裁判所および原告に送付することになっている。

　裁判所が原告や被告を呼び出して法廷を開くことを、「口頭弁論」と

　2）裁判所職員総合研修所監修『民事訴訟法講義案（三訂版）』（司法協会、2018年、以下「裁研・講義案」という）4頁。

いい、最初の口頭弁論をとくに「第1回口頭弁論」という。口頭弁論では、原告被告に主張および証拠の提出をさせて、それを前提に審理が進んでいく。通常は1回で審理が終了することはないので、口頭弁論は複数回行われる。また、口頭弁論期日以外に争点の整理あるいは証拠の整理のために弁論準備手続を行うこともある。

　争点整理あるいは証拠整理が終わると、当事者が申し出た証拠についての取調べを行う。

　口頭弁論および証拠調べ手続を経て、審理が尽くされたという段階に至ると、裁判所は口頭弁論の終結を宣言する。したがって、口頭弁論の終結までに当事者は主張あるいは証拠の提出をする必要があり、それに遅れれば時機に遅れた攻撃防御方法として扱われる。

　裁判官は、口頭弁論の終結後は、それまでに当事者からそれぞれ出された主張および証拠に基づいて判決を作成し、判決の言渡しをする。判決が言い渡された後は、判決は当事者に送達される。判決に不服のある当事者は、判決送達の日の翌日から2週間以内に控訴する必要がある。この控訴期間内に控訴がなければ、第1審の判決は確定する（以上について、図1参照）。

（2）裁判所

　民事訴訟法は裁判手続に関する法律なので、条文上あるいは概説書などで「裁判所」という表記が随所に出てくる。しかしながら、「裁判所」にも2通りの意味がある。たとえば東京地方裁判所、東京高等裁判所あるいは最高裁判所という官署あるいは国法上の意味の裁判所を「広義の裁判所」という。これに対して、訴えを実際に審理判断する意味で用いる裁判所を「狭義の裁判所」という。民事訴訟法において「裁判所」とされている場合には、とくに断りがない限りは、狭義の裁判所の意味である場合がほとんどである。

図1 ● 第一審訴訟手続 [3)]

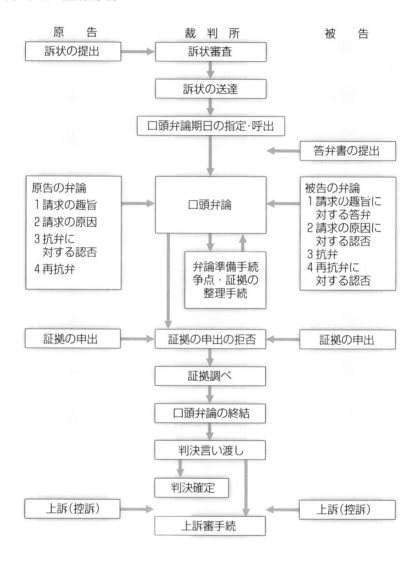

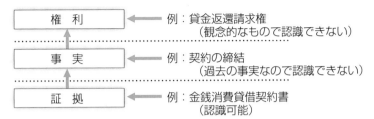

図2 ● 民事訴訟における審理の仕組み

権　利　←―― 例：貸金返還請求権
　　　　　　　　（観念的なもので認識できない）

事　実　←―― 例：契約の締結
　　　　　　　　（過去の事実なので認識できない）

証　拠　←―― 例：金銭消費貸借契約書
　　　　　　　　（認識可能）

（3）民事訴訟における審理の仕組み

㋐　裁判官は、①実体法上権利が発生したとされるのに必要な「事実」の主張と、②その「事実」があったことを裏付ける「証拠」の提出があるのかを判断して、原告に権利があるか否かの結論（判決）を出す。これが、民事訴訟における審理の基本的な仕組みである。

㋑　AのBに対する貸金返還請求を例に上記仕組みを説明すれば以下の通りである（**図2**参照）。

　Aの主張する貸金返還請求権という「権利」は、観念的なものなので、裁判官は直接認識することはできない。

　そのため、Aとしては自らの「権利」が正当であることの理由付けとして、金銭の貸し借りに関する契約つまり金銭消費貸借契約をBとの間で締結したという「事実」を主張することになる。

　しかし、AB間の契約締結行為あるいは金銭の授受は、これも裁判所外の過去の「事実」なので、裁判官は直接認識することはできない。したがって、金銭消費貸借契約の事実を主張しても、それのみで裁判官はAの主張が正しいと判断することはできない。BがAの主張した事実を認めなければ、Aとしては自らの主張した事実の裏付けとなるものを裁判所に提出する必要がある。この提出するものが「証拠」である。たと

えば、AとしてはBとの間で締結した金銭消費貸借契約書を「証拠」として提出することになる。この提出された「証拠」は、裁判官が直接認識することができるものなので、これを手がかりにしてAの「権利」つまりBに対する貸金返還請求権の有無を判断するのである。

　他方、BがAから金銭の借入をしたが、それを返済していて返済義務がないことを裁判所に主張する場合にも、上記と同じような仕組みで裁判官はBの主張の有無を判断する。

　すなわち、BがAに借金を返済したと主張しても、それは裁判所外の過去の「事実」なので、裁判官は直接認識することができない。そのために、Bとしては、裁判官が直接認識できるような証拠として、Aに返済したときに受け取った領収証などを「証拠」として提出することになる。

II ＊ 訴えの提起

1……訴えの意義

　訴えとは、裁判所に対して審理および判決を求める原告の訴訟行為をいう。訴えの提起によって、第1審の判決手続が開始される。訴え提起によって、原告被告間の特定の請求が、特定の裁判所で判決手続により審判される状態を「訴訟係属」という。

2……訴えの種類

　訴訟上の請求の内容により訴えを分類すると、求める判決に対応して、①給付の訴え、②確認の訴え、③形成の訴えの3類型に区分される。

（1）給付判決

　給付判決とは、裁判所が被告に一定の作為または不作為を命じる判決である。たとえば、「被告は、原告に対し、500万円を支払え。」という

主文の判決や、「被告は、原告に対し、別紙物件目録記載の建物を明け渡せ。」という主文の判決などである。貸金の返還請求あるいは建物の明渡請求など、裁判は一方が他方に対して一定の行為を要求して提起することが多いことから、この給付判決が裁判としては一般的な判決といえる。そして、この給付判決を求める訴えを「給付の訴え」という。

（2）確認判決

確認判決とは、裁判所が原告の権利などを確認する判決である。たとえば、原告が一定の建物について所有権を有することを確認する判決などである。権利などを確認すること自体で紛争を解決することを目的としたもので、確認判決が確定しても、強制執行することはできない。したがって、先の所有権確認の判決を受けても建物の明渡しの強制執行をすることはできない。そして、この確認判決を求める訴えを「確認の訴え」という。

（3）形成判決

形成判決とは、その判決の確定によって法律関係が変動する判決である。たとえば、離婚を認める判決などである。離婚を認める判決の主文は、「原告と被告とを離婚する。」である。「離婚する」とは「離婚させる」という意味であり、判決が確定したときには離婚という法律効果が発生する。離婚を認める判決が確定した場合に離婚が成立することになるので、これによって目的は達せられる。したがって、強制執行をする必要もない。この形成判決を求める訴えを「形成の訴え」という。なお、形成の訴えは、それが可能であるという法律上の規定がある場合に限って許される[4]。

（4）訴訟

訴え提起から判決確定までの経過を「訴訟」という。したがって、給付の訴えで始まる訴訟を給付訴訟、確認の訴えで始まる訴訟を確認訴訟、

4）行政事件訴訟法における取消訴訟は形成訴訟と理解されている。西川知一郎編著『行政関係訴訟』（青林書院、2009年）109頁。

形成の訴えで始まる訴訟を形成訴訟という。

3……訴え提起の手続

（1）訴状の提出

　訴えの提起は、訴状を裁判所に提出して行う（民事訴訟法133条1項。以下、本章で法令名を特記していない条文引用は同法のものである）。訴状には、少なくとも、①誰が誰に対して訴えを提起するのか（「当事者」の記載、133条2項1号）、②原告はどのような結論（主文）の判決を求め（「請求の趣旨」の記載、同項2号）、そのような結論になる原因はどのようなものであるか（「請求の原因」の記載、同号）を記載しなければならない。

　原告が訴状で提示し、裁判所が判決の結論としてその存否を判断すべき権利を「訴訟物」という。たとえば、特定の売買契約に基づく代金支払請求権や特定の消費貸借契約に基づく貸金返還請求権が訴訟物にあたる。訴状では、請求の趣旨と請求の原因とで訴訟物を特定しなければならないとされる。また、訴状には、訴訟物を特定するための事実だけではなく、「請求を理由づける事実を具体的に記載し、かつ、立証を要する事由ごとに、当該事実に関連する事実で重要なもの及び証拠を記載しなければならない」（民訴規53条1項）。さらに、訴状には、重要な文書（たとえば、売買契約書、登記事項証明書など）の写しを添付しなければならないとされている（同55条）。

（2）訴訟物論

　㋐　原告が訴状の請求の趣旨および原因によって特定され、裁判所の審判の対象となる権利関係を「訴訟物」という[5][6]。

　㋑　訴訟物をどのように構成するかで理論的な対立がある。次の例を用いて具体的に説明する（**図3**参照）。

　5）伊藤・前掲210頁。
　6）司法研修所編『改訂行政事件訴訟の一般的問題に関する実務的研究』（法曹会、2000年、以下「司研・実務研究」という）142頁。
　取消訴訟を形成訴訟とすると、訴訟物は「行政処分の違法一般」と理解されている（最判昭和49・7・19民集28巻5号897頁）。

図3 ● 訴訟物

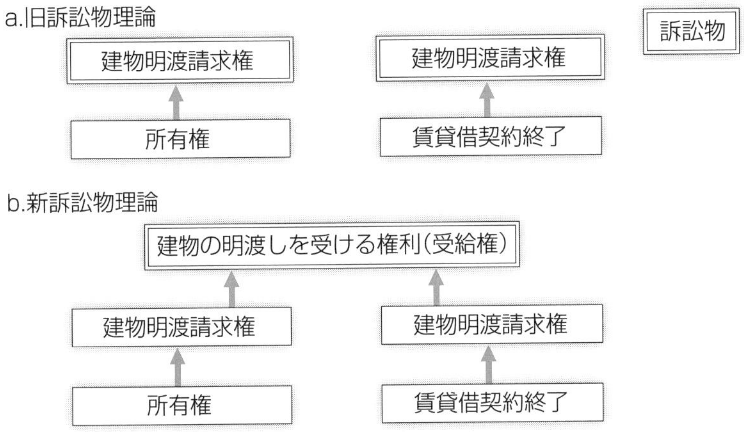

a.旧訴訟物理論

建物明渡請求権		建物明渡請求権

訴訟物

| 所有権 | | 賃貸借契約終了 |

b.新訴訟物理論

建物の明渡しを受ける権利（受給権）

| 建物明渡請求権 | | 建物明渡請求権 |

| 所有権 | | 賃貸借契約終了 |

例） 甲が乙に対し、甲所有の建物を賃貸していた。甲乙間の賃貸借契約が終了した後も乙が当該建物を甲に明け渡さない。そのため、甲は乙に対し、当該建物の明渡しを求める訴えを提起した。

a．旧訴訟物理論　実体法上複数の請求権があれば、訴訟のテーマも実体法上の請求権ごとに考えるとする立場。すなわち、上記例題の事案では、実体法的には甲の乙に対する請求は、所有権に基づく返還請求と賃貸借契約に基づく返還請求とが考えられる。そして、両者は訴訟物としては別個のものと考えるので、甲がいずれかの請求権を主張して建物明渡訴訟を提起して敗訴しても、他の請求権を主張して建物明渡訴訟を提起することができる。裁判実務は、基本的に旧訴訟物理論によっている。

b．新訴訟物理論　訴訟物を給付を受ける法的地位と考える立場。上記例題の事案については、甲としては建物を返してもらえばよいのであり、その理由として、所有権があること、あるいは賃貸借契約が終了していることを主張するのだから、これらは返還請求をするための理由であっ

て、訴訟のテーマは全体として1個と考える。したがって、新訴訟物理論によれば、所有権だけを主張して当該建物の明渡訴訟を提起して敗訴した場合には、後に、賃貸借契約の終了を理由に当該建物の明渡訴訟を提起することはできない。

（3）処分権主義

㋐　訴訟物である権利関係は、実体法上は、私的自治の原則の下にその主体たる当事者の自由な管理処分に委ねられるところから、訴訟法上においても、いかなる権利関係について、いかなる形式の判決を求めるかは、当事者の判断に委ねられる。これを処分権主義という[7]。

　すなわち、①訴えるかどうかは原告となり得る人の自由である、②何について訴えるかは原告の自由である、③訴訟をどのような形で終わらせるかは原告の自由であるということをいう。

　具体的にいえば、①は、訴えを提起するか否かを決める自由があるということであり、裁判所が訴えもないのに勝手に判断をすることはできないということである。②は、原告が訴えを起こす場合には、原告には訴訟物を何にするのかを決める自由があるということである。原告が訴訟物を特定して判断を求めている以上、裁判所はそれについてのみ判断し、判断を求めていない事項についてまで判断することはできないということである。つまり、訴えの内容についても原告が決められるということである。③は、訴訟の終わらせ方として、判決のほか、訴えの取下げ、和解などがある。これらのうちどれにするかも原告の自由であって、裁判所がそのうちの一つを強制することはできないという意味である。ただし、被告の同意が必要であるなど、一定の条件が求められる場合もある。

　処分権主義については、民訴法246条が「裁判所は、当事者が申し立てていない事項について、判決をすることができない」と定めている。

7）伊藤・前掲219頁。

イ 処分権主義の排除

　処分権主義は私的自治の原則を基本理念とするために、問題となる法律関係が個人的利益を超え、公益あるいは一般的利益に関するものである場合には、処分権主義は制限または排除される。たとえば、婚姻、養子縁組、親子関係等に関する人事訴訟事件、会社の設立、総会決議等の瑕疵に関する会社訴訟事件、境界確定の訴えなどにおいて、処分権主義が著しく制限される場合がある。

Ⅲ ＊ 訴訟要件

1……訴訟要件の意義

（1）訴訟要件とは

　民事訴訟においては、訴えの提起そのものが一定の要件を備えたものでなかったら、裁判所は訴えの内容（訴訟物）については判断しないというシステムになっている。そのような一定の要件を「訴訟要件」という。つまり、本案判決するための要件である。したがって、訴訟要件を欠く場合には、訴えが不適法であるとして、訴え却下の門前払いの判決がなされることになる。

（2）訴訟要件の種類

　①訴訟継続の前提となる訴訟行為の有効性、すなわち原告による訴え提起および裁判長による訴状送達の効力、②当事者の実在および当事者能力、③訴訟能力および訴訟代理権、④裁判権および管轄権、⑤訴訟費用の担保提供、⑥訴えの利益および当事者適格、⑦不起訴の合意および仲裁合意の不存在、⑧二重起訴の不存在など。

2……訴えの利益

（1）訴えの利益の意義

その訴えについて本案判決をする必要性とその実際上の効果が認められることを「訴えの利益」という。

・権利保護の資格　訴えによって定立されている請求が本案判決の対象となり得るものであること。法律上の争訟に該当しないものは権利保護の資格を欠く（裁判所法3条1項）。

・権利保護の利益　権利保護の資格があることを前提として、当該事件の事実関係を考慮して、本案判決によって訴訟物についての争いが解決され得ること。狭義の訴えの利益。

（2）確認訴訟における確認の利益

給付訴訟の場合には、実体法上の給付請求権が訴訟物になる。これに対して確認訴訟においては、何かを確認するという場合の確認の対象は無限定になり過ぎるおそれがある。そのため、裁判所が訴訟手続で確認する以上は、紛争解決に実質的に役立つ場合に限定せざるを得ない。したがって、給付の訴えが可能な請求権について確認の訴えを提起することはできない。確認の訴えの利益は、「確認の利益」ともよばれる[8]。

（3）形成の訴えの利益

形成判決による権利関係の変動が認められるかについては、法に規定が設けられている。それらの規定に基づいて形成の訴えが提起されていれば、訴えの利益は認められる[9]。

3……当事者適格

特定の権利または法律関係について、訴訟追行して本案判決を求めることができる資格を当事者適格という。すなわち、原告になるべき者が原告になり、被告になるべき者が被告になっている場合に、当事者適格

8）伊藤・前掲182頁。
9）伊藤・前掲188頁。

があるという[10]。

Ⅳ ＊ 訴訟手続の進行

1……口頭弁論

　口頭弁論の期日は裁判長が定めるものとされている（93条1項）など
のように、手続の進行の主導権を裁判所に認める考え方を職権進行主義
といい、現行法はこれを採用している。これは、当事者に訴訟の進行を
すべて委ねると訴訟が遅延するおそれがあることなどを考慮してのこ
とである。手続を主宰する裁判所または裁判官の権能は、訴訟指揮とい
われている。しかしながら、民事訴訟は私的紛争に関するものなので、
手続の進行に関してなお当事者による関与もある程度認めている（「申
立権」16〜18条、「責問権」90条本文など）。

2……期日

　審理等のために日時と場所で指定されることを「期日」という。たと
えば、口頭弁論期日などである。期日というと日にちを指すように思わ
れるが、民事訴訟において「期日」という場合には、日にちだけでなく、
時刻、特定の法廷をも示す。

Ⅴ ＊ 口頭弁論について

1……口頭弁論の意義

（1）口頭弁論とは

　訴訟手続中において、当事者が主張・立証、攻撃防御を尽くし、証拠
調べを経ることによって、裁判所が争点に関して心証を形成して最終判

---

10) 私人間の紛争を前提とする民事訴訟において当事者適格が問題となる場面は非常に少ない
と思われるが、行政事件訴訟においては、当該処分の相手方以外の者（たとえば近隣住民な
ど）からの訴えもあることから「原告適格」の問題として行政事件訴訟法9条1項2項の解釈
とも関係して一大論点となっている。

断に至るまでの訴訟審理の時間的・場所的空間を口頭弁論という。民事訴訟法においては「口頭弁論」を多義的に用いることがある。判決の言渡しを除いたものを意味するものとして広義の口頭弁論（158条、251条）、広義の口頭弁論から証拠調べを除いたものを狭義の口頭弁論ともいう（87条、140条、164条）。87条1項本文において「当事者は、訴訟について、裁判所において口頭弁論をしなければならない。」として「必要的口頭弁論の原則」を規定している。かかる原則は当事者にとっては、口頭弁論を開いて審理されることが保障されているという意義がある。

（2）第1回口頭弁論期日

　原告が裁判所に訴えを提起して、裁判官、原告、被告が法廷で初めて一同に会する口頭弁論をとくに「第1回口頭弁論期日」という。この第1回口頭弁論期日においては、訴状の陳述によって審理が始まる。被告が原告の主張を争う場合には、通常は1回の口頭弁論では審理を尽くすことができないので、それ以降、審理に必要な回数の口頭弁論が開かれる。第2回以降は「第〇回口頭弁論」と回数ではなく「続行期日」とよばれている。

2……口頭弁論における諸原則

（1）公開主義

　訴訟の審理過程および裁判を国民一般の傍聴し得る状態で行うべきことをいう。これは憲法の要請でもある（憲法82条1項）。なお、訴訟記録についても公開制が貫かれている（91条1項）。

（2）双方審尋主義

　訴訟において、当事者双方に、それぞれ主張を述べる機会を平等に与える審理原則。訴訟手続の中断・中止の制度（124条以下）は、手続に

図4 ● 口頭主義

裁判官

↓ 判断

原告 → ← 被告

十分な関与ができない場合には手続を進めないと規定しているが、これは双方審尋主義を実質的に保障するものである。また、当事者としては裁判所において公平に言い分が聴かれているか否かがわからなければ、双方審尋主義の意義が失われる。そこで、双方審尋主義の派生原理として、期日に当事者双方が同時に立ち会うことができるということも必要である。

（3）口頭主義

　弁論および証拠調べを口頭で行う原則をいい、口頭で陳述されたもののみが判決の基礎資料となることをいう（**図4**参照）。

（4）集中審理主義

　一つの訴訟事件について必要な回数の口頭弁論を継続的集中的に行って審理し、その事件が終了してから別の事件について同様に審理することをいう。しかしながら、実際の裁判においては、多数の事件があることから、複数の訴訟の審理を並行して進める併行審理主義的な運用がされているのが実情である。証拠調べ手続については集中証拠調べが規定されており（182条）、これについては実務上もかかる規定に沿った運用がされている。

（5）直接主義

　弁論の聴取や証拠調べを、判決をする受訴裁判所自らが行う原則をいう（249条1項）。つまり、口頭弁論に関与した裁判官が判決の内容を決定するという意味である。

　しかし、実務では、裁判官が審理の途中で交代することは、たとえば

人事異動などであり得る。そこで、249条2項では「裁判官が代わった場合には、当事者は、従前の口頭弁論の結果を陳述しなければならない」として、新たに担当になった裁判官に引き継がれることにしている。この手続を「弁論の更新」という。また、証人尋問については、裁判官が法廷で直接見聞きした印象が重要となるので、裁判官が代わった場合の再度の尋問も必要となる。249条3項では、「単独の裁判官が代わった場合又は合議体の裁判官の過半数が代わった場合において、その前に尋問をした証人について、当事者が更に尋問の申出をしたときは、裁判所は、その尋問をしなければならない。」と規定している。これも直接主義を保障するための規定である。

（6）適時提出主義

156条は、「攻撃又は防御の方法は、訴訟の進行状況に応じ適切な時期に提出しなければならない。」と規定して、適時提出主義を定めている。そして、これを具体的に保障する制度として、「時機に遅れた攻撃防御方法の却下」がある（157条1項）。

訴訟の進行に照らしてあまりにも遅い段階で提出された攻撃防御方法は、審理の妨げとなるので、裁判所は却下してよいという趣旨である。しかし、実務上は慎重な運用が行われている。

ここで、攻撃方法とは原告の請求が認められるようにするための原告の陳述（請求原因の主張等）と証拠の申出をいい、防御方法とは、原告の請求が認められないようにするための被告の陳述（請求原因の否認、抗弁の主張等）と証拠の申出をいう。この両者を併せて「攻撃防御方法」という。

3……口頭弁論の準備

（1）準備書面

161条1項において「口頭弁論は、書面で準備しなければならない。」と規定し、2項において、準備書面には「攻撃又は防御の方法」と「相手方の請求及び攻撃又は防御の方法に対する陳述」を記載しなければならないと規定している。すなわち、準備書面は、次回の口頭弁論で主張する予定のことを記載し、裁判所と他方当事者に予告するという意味がある。これによって、充実した口頭弁論が進むことが期待されている。

準備書面の記載事項については、訴状と同じように、「できる限り、請求を理由づける事実、抗弁事実又は再抗弁事実についての主張とこれらに関連する事実についての主張とを区別して記載しなければならない」、「立証を要する事由ごとに、証拠を記載しなければならない」と民事訴訟規則において規定されている（民訴規79条2項、4項）。また、「準備書面において相手方の主張する事実を否認する場合には、その理由を記載しなければならない」と規定している（同79条3項）。

（2）争点および証拠の整理手続

㋐　事実関係についての当事者間の言い分の違いを整理して、とくに、その後の段階において行われる証人尋問や当事者尋問によってどのような事実について審理するのかを明確にしておく必要がある。このような争点および証拠の整理手続を「争点整理手続」あるいは「争点整理」という。

争点整理手続は、一般的には弁論準備手続において行われる。弁論準備手続の開始は、裁判所が当事者の意見を聴いて決める（168条）。

弁論準備手続においても、期日ごとに当事者があらかじめ準備書面を提出して行う（170条1項）。そして、提出された準備書面、それまで提出されている訴状、答弁書および各準備書面をもとに協議し、文書の証

拠調べ（同条2項）を行いながら争点整理を行う。

　弁論準備手続は公開主義の適用がないので、一般的には法廷ではなく弁論準備室等の名称が付されている会議室で行われる。また、弁論準備手続期日では、当事者の意見を聴いた上で、一方が出頭すればいわゆる電話会議システムを利用することができる（170条3項、4項）。

　㋑　民事訴訟規則95条以下では、進行協議期日の制度を設けている。口頭弁論における証拠調べと争点の関係の確認その他訴訟の進行に関し必要な事項についての協議を行うもので、口頭弁論の審理の充実を目的としている。なお、争点および証拠の整理を行う制度ではないので弁論準備手続のように、進行協議期日において当事者が主張や証拠の提出をすることはできない。

　㋒　弁論準備手続が終了すると、口頭弁論に戻る。弁論準備手続は弁論の準備に過ぎないので、公開の口頭弁論で行ったものではない。したがって、口頭弁論への上程を行う必要がある（173条）。弁論準備手続の終了後に攻撃防御方法を提出した場合については説明義務が規定されている（174条、167条）。十分な説明がされない場合には、時期に遅れた攻撃防御方法の却下（157条1項）がされる可能性がある。

Ⅵ ＊ 弁論主義

1……弁論主義の意義

　裁判の基礎となる、訴訟物についての判断資料となる事実と証拠を提供することを当事者の権能かつ責任とする建前をいう。弁論主義は私的自治の訴訟上の発現形態であり、民事訴訟の本質に根ざしたものと理解されている。私的自治を理念的基礎とする点では、処分権主義と弁論主義は共通性をもつ。しかしながら、処分権主義が訴訟物のレベルを当事

者に任せるのに対し、弁論主義は事実のレベルと証拠のレベルとを当事者に任せ、当事者が訴訟物についての判断資料となる事実と証拠を提供することができるし、しなければならないとするもので、両者は区別される[11]。

2 …… 真実義務との関係

　真実義務とは、当事者が、ある事実について真実と信じるところに反する陳述をしたり、虚偽の陳述を基礎付ける証拠を提出することを禁じ、真実を基礎付ける証拠の提出を要求することを意味する。また、裁判所としても、釈明権の行使を通じて当事者に対して証拠の提出を促し、真実発見に努めるべきことは当然のことである。したがって、当事者に証拠提出の責任を委ねる弁論主義と真実義務とは矛盾するものではない[12]。

3 …… 弁論主義の内容

（1）主張責任（第1原則）

　裁判所は、当事者が主張していない事実を認定して裁判の基礎とすることは許されない。裁判所が認定する事実の範囲を、当事者が主張した範囲に限るということを意味する。

　たとえば、貸金返還請求事件において、被告がすでに支払ったという弁済の主張をしていない場合に、裁判所が、証拠から弁済があったと認定することは許されない。

　弁論主義は、裁判所と当事者との役割分担の問題なので、「当事者が主張しない事実」とは、両当事者とも主張していない事実のことである。したがって、当事者の一方が主張していれば、裁判所は証拠によって認定して判決の基礎とすることができる。これを「主張共通の原則」という。たとえば、原告に有利な事実を、被告が主張したという場合にも、

11）伊藤・前掲309頁。
12）伊藤・前掲311頁。

事実の主張はあったとされるので、原告が主張していなくとも、裁判所は証拠からその事実を認定することも許される。

（2）自白の拘束力（第2原則）

　裁判所は、当事者間に争いのない事実はそのまま裁判の基礎にしなければならない。当事者が争わない事実につき、証拠調べの結果からこれと異なる事実を認定することは許されない。ある事実について当事者間に争いがないことを「裁判上の自白」という。たとえば、原告被告の双方が原告から被告に対し金銭の交付があったことを認めている場合に、裁判所はそれを判決の基礎としなければならず、その交付の存在を認定しないことは許されない。

（3）職権証拠調べの禁止（第3原則）

　争いのある事実について証拠調べをするには、原則として、当事者が申し出た証拠に拠らなければならない。当事者が申し出たもの以外のものを証拠とすることは「職権証拠調べ」というが、第3原則は職権証拠調べの禁止の意である。ただし、当事者の申出がなくともできる調査嘱託（186条）、当事者尋問（207条以下）などの例外も比較的広く認められている。

（4）攻撃防御方法との関係

　処分権主義と弁論主義、および弁論主義の内容を攻撃防御方法との関係で示せば図5、図6のようになる。

4……事実に関する弁論主義の適用対象

（1）主要事実・間接事実・補助事実との関係

⑦　主要事実とは、権利の発生、変更、消滅という法律効果を判断するのに直接必要な事実をいう。このような法律効果の肯否は、当該法規が定める発生要件に該当する具体的事実の有無にかかる。たとえば、貸金

図5 ● 弁論主義

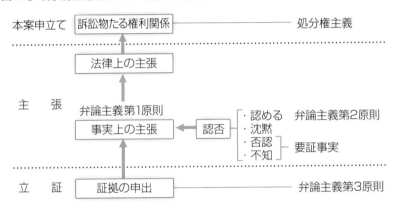

図6 ● 攻撃防御方法における階層的構造

返還請求訴訟においては、金銭の授受と返還約束は訴訟物である貸金返還請求権を基礎付ける主要事実である（民法587条）。これに対して、錯誤は権利の発生を障害するものとして、弁済、免除、消滅時効などは権利の消滅をもたらすものとして抗弁を構成するが、抗弁もまた実体法の規定する構成要件に該当する事実を主張立証して権利の消滅等の法律効果を導こうとするものであって、同様に主要事実である。ここでいう「主要事実」がすなわち「要件事実」である[13]。

13) 要件事実については、第1部「第2章　要件事実総論」（49頁以下）において詳論する。

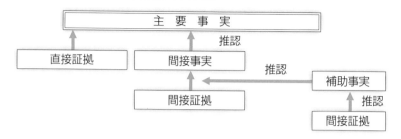

図7 ● 主要事実・間接事実・補助事実の関係

🔵 間接事実とは、主要事実の存否を推認するのに役立つ事実である。間接事実は主要事実を証明するための手段であり、証拠資料と同様の作用・機能を営む。たとえば、貸金返還請求訴訟において、借用書など直接これを証明する証拠がないとする。この場合に、「契約が成立したとされる直前ころ被告（借主）は生活に困窮していたこと、それにもかかわらずその直後に、被告は金回りがよくなり、それまで買ったことがない高級品を購入したこと」などの間接事実から、金銭授受を推認することがある。これは、「生活に困窮していた者が、買ったこともない高級品を購入した場合、通常、その頃、何らかの金銭収入があった可能性が高い」という経験則を適用した結果である。

🔵 補助事実とは、証拠の証明力（文書の成立、証拠の信用性など）に影響を与える事実である。たとえば、供述の信用性を吟味するにあたって、供述内容が自然で、客観的事実とよく合致して合理的であることなどは信用性を高める方向で作用する。主要事実、間接事実、補助事実の関係について**図7**参照。

（2）弁論主義の適用対象は主要事実

　主要事実、間接事実および補助事実のうち、弁論主義（第1原則）の適用を受けるのは主要事実のみである。仮に間接事実、補助事実につい

ても弁論主義の適用を認めると、裁判官の自由心証に基づく合理的判断を阻害するおそれがあり、またこれらの事実についても当事者の主張を要するとすると審理を硬直化させるおそれがあるからである。つまり、間接事実、補助事実についても主張がないと認定できないとすると、証拠から自由に認定してよいことになっている裁判官にとって窮屈になってしまうからである。

（3）弁論主義の補完

　弁論主義の下でも、当事者の主張が不明確であったり、必要な証拠が提出されていないなど、裁判官からするとこれを放置することが妥当でない状況もある。このような場合に、裁判官から当事者に対して一定の働きかけをすることがある。これを「釈明権」という（149条1項）。すなわち、「裁判長は、口頭弁論の期日または期日外において、証拠関係を明瞭にするため、事実上および法律上の事項に関し、当事者に対して問いを発し、又は立証を促すことができる。」と規定されている。弁論主義の形式的な適用による不合理を修正し、当事者に実質的な弁論の機会を保障して充実した審理を実現することに資する裁判所の権能である。

（4）職権探知主義

　弁論主義の根拠は私的自治に求められることから、この根拠が必ずしも妥当しない、たとえば訴訟物たる権利関係について公益性がみられる場合には、裁判所が真実発見に積極的にならざるを得ない場合や、判決の効力が訴訟当事者にとどまらずに第三者にも広く及ぶ訴訟では、訴訟当事者のみに訴訟資料の収集を委ねるのは相当でないとして、職権探知主義が採られることがある。

　職権探知主義の下では、①当事者が主張しない事実でも裁判の基礎として採用でき、②当事者間に争いのない事実でも証拠に基づきこれに反する事実を認定することができ、③当事者の申出がなくとも職権で証拠

調べができる。

　職権探知主義が採られているのは、民事訴訟においては、裁判権、専属管轄、裁判官の除斥原因の審理などである。人事訴訟、行政事件訴訟においても職権探知主義が規定されている。

VII ＊ 証拠

1……証拠の必要性

　裁判は、具体的事実に法規を適用して訴訟物たる権利関係の存否について審理・判断することによってなされる。原告が訴訟の主題として提示した権利や法律関係などは観念的な存在に過ぎず、その存否を直接認識することは不可能であり、直接に証明する方法もない。この点に関し、民法・商法などの実体私法は、そのような事実（要件事実）が存在すればそのような権利が発生し、あるいは変更・消滅するのかを規定している。そこで、要件事実の存否が確定できれば、それに実体法を適用して権利の存否を推論することが可能になる。それゆえ、裁判をなすに際しては、裁判官は、適用すべき法規の存否やその内容の解釈とならび、法規の適用の対象となる事実の存否を確定することが不可欠である。この裁判官による事実認識の作業を事実認定という。

　裁判が適正であるためには、事実認定過程が客観的に公正で合理性のあるものでなければならない。この事実認定の公正性を担保するために、事実認定するにはその資料としての証拠が必要となる（「証拠裁判主義」）。また、その取調べの手続的適正さあるいは手続的保障も必要となる。

2……証拠の意義

（1）証拠

事実認定の基礎となる資料を「証拠」という。主要事実を直接に証明するための証拠を直接証拠、間接事実や補助事実を証明するための証拠を間接証拠という。

（2）証拠方法

証拠調べの対象となる有形物を「証拠方法」という。取調べの対象が人（当事者本人・証人等）である場合を人証、物体（文書等）である場合を物証という。

（3）証拠能力

証拠資料を事実認定のために利用し得る資格を「証拠能力」という。刑事訴訟法には証拠能力の制限規定があるが、民事訴訟法では、原則として証拠能力の制限はない。

（4）証拠力

証拠資料が裁判官の心証形成に与える影響力を証拠力という。証明力、証拠価値ともいう。この証拠力には、形式的証拠力と実質的証拠力の2段階があり、書証にとってこの区別は重要となる。証拠力の評価は裁判官の自由心証に委ねられている（「自由心証主義」）。

3……証明の意義

（1）証明と疎明

⑦　裁判官が要証事実の存否につき確信を抱いた状態、あるいは、確信を得させるために証拠を提出する当事者の行為を「証明」という。証明ありとすべき「確信」を抱いた状態とは、通常人が疑いを差し挟まない程度のものをいう。すなわち、経験則に照らして全証拠を総合検討し、通常人が合理的疑いを容れない程度の心証をもって足りると解されてい

る[14]。数値化すれば80％くらい以上の蓋然性が必要であると一般的にはいわれている。

㋑　「疎明」とは、証明の程度には至らないが一応確からしいという程度の蓋然性が認められる状態、またはその状態を実現するために当事者が証拠を提出する行為をいう。疎明は、原則として、疎明で足りる旨明文で定められている場合に限定される（民事保全法13条2項等）。疎明は証拠調べを簡易迅速に行うことを目的とするものであるから、その証拠方法は即時に取り調べることができるものでなければならない（188条）。

（2）証明を要する事項

㋐　事実

証明の対象は、法律効果の発生に必要な主要事実（要件事実）であり、間接事実や補助事実も主要事実の認定に必要な限度で証明の対象となる。

㋑　法規・経験則

法規の存在および内容については要証事項とはならない。

一般人が知っているような経験則は証明の必要がないが、特殊専門的な経験則については証明の対象となる。

㋒　不要証事実

裁判所において当事者が自白した事実、顕著な事実は証明を要しない（179条）。

（3）自白

㋐　自白とは、相手方の主張と一致する自己に不利な事実の陳述をいう。相手方の主張よりも先に自己に不利な陳述をした場合を「先行自白」といい、口頭弁論または弁論準備手続においてなされたものを「裁判上の自白」という。

㋑　自白の効果

14）最判昭和50・10・24民集29巻9号1417頁。

自白には、①証拠調べは要せず（証明不要効）、②裁判所に対する拘束力があり（審判排除効、弁論主義の第２原則）、③当事者間における拘束力（撤回禁止効）という三つの効果がある。

⑦　自白の撤回

　裁判上の自白は、例外的に撤回することができる場合がある。すなわち、①相手方が撤回に同意した場合、②刑事上処罰すべき他人の行為により自白した場合、③真実に反しかつ錯誤があった場合である。

⑤　権利自白

　訴訟物たる権利関係の前提となる権利・法律関係についての自白を「権利自白」という。

　たとえば、所有権に基づく建物明渡訴訟において、被告が、請求原因の一つである原告の所有を認めた場合が、権利自白となる典型的なものである。

　これについては判例[15]は権利自白に拘束力を認めることを否定する。権利自白がなされると相手方は一応その権利主張を理由付ける必要はなくなるが、確定的に裁判所の判断を排除するわけではなく、裁判所がこれに反する認定を行うことは妨げられないし、自白した当事者もこれを任意に撤回して自白内容に反する主張をすることは許されると判示する。これは、法の解釈・適用は裁判所の職責であり専権領域であること、法的判断の誤りによる不利益を法的知識・経験に乏しい当事者本人に負わせるのは不当であることが根拠となっている。

（4）顕著な事実

　顕著な事実についても、自白と同様に証明することを要しないと規定している（179条）。顕著な事実には、①世間一般に知れ渡っている「公知の事実」、②裁判官としての職務の遂行上当然に知り得た事実（「裁判所に顕著な事実」）がある。これらについては、証拠によらないで認定

15）最判昭和30・7・5民集9巻9号985頁。

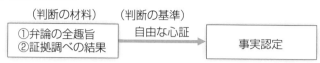

図8 ● 自由心証主義

（判断の材料）　（判断の基準）
①弁論の全趣旨　自由な心証
②証拠調べの結果　　　　　　→　事実認定

しても裁判所の判断の公正さが疑われないことによる。なお、証明を要しないだけなので、弁論主義上は顕著な事実についても主張を要する。

4……自由心証主義

（1）自由心証主義の意義

247条は、「裁判所は、判決をするに当たり、口頭弁論の全趣旨及び証拠調べの結果をしん酌して、自由な心証により、事実についての主張を真実と認めるべきか否かを判断する。」と規定する。これを「自由心証主義」という[16]。この自由心証主義に対して「法定証拠主義」がある。これは、証拠方法を限定し、事実を推認する法則を法定して裁判官の事実認定に一定の拘束をするというものである。法定証拠主義は、裁判官の恣意的判断を抑制し、事実認定の均質化・安定化をはかるという点では一定の理解ができる。しかしながら、複雑多様化した社会において、限定的かつ形式的な証拠法則で機械的に事実認定をすることは不可能である。そこで、近代の訴訟法では、判決の基礎となる事実の認定については、裁判官が訴訟審理に現れた一切の資料や状況に基づいて自由な判断によって到達する具体的確認に任せるという「自由心証主義」が採用されている（247条）（**図8参照**）。

自由な判断といっても、裁判官の恣意的判断を認めるものではなく、論理法則や経験則に基づく合理的なものでなければならない。

（2）自由心証主義の具体的内容

㋐　自由心証の基礎資料として用いることができるのは、適法に弁論に

16）伊藤・前掲366頁。

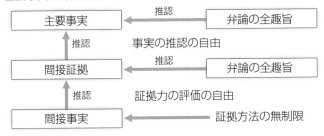
図9 ● 主要事実の認定過程

顕出された資料や状況であり、これには弁論の全趣旨および証拠調べの結果が包含される（247条）。ここで、証拠調べの結果とは、適法に行われた証拠調べから得られた証拠資料のすべてをいう（**図9**参照）。

イ 証拠方法の無制限

　自由心証主義により、原則としてあらゆるものに証拠能力がある。証拠方法として使えるものが限定的であると、裁判官が心証を形成する前提が制限されることになり、合理的な事実認定のための裁判官の心証の自由の保障がはかれなくなる。そのために原則としてあらゆるものに証拠能力があるとされる。

ウ 経験則の取捨選択の自由

　経験則とは、経験から帰納された事物に関する知識や法則をいう。このような経験則を基に証拠方法から推認することによって主要事実を認定してゆく。推認の仕方、つまり経験則の取捨選択が自由であるということも自由心証主義の重要な内容となる。したがって、経験則の取捨選択の自由には、①証拠方法の証拠能力を自由に評価して事実を推認することができること、②事実から別の事実も自由に推認できることがの二つが含まれる。

　裁判においては、直接証拠がある場合は多くない。そのため、間接事

実の積み重ねによって主要事実を推認するという過程が重要となる。ま
た、直接証拠がある場合であっても、その証拠の証明力は間接事実、補
助事実によってテストされ、このテストを経ることによって初めて心証
形成に寄与し得ることから、間接事実、補助事実と経験則との関わりを
的確に把握することは裁判をするにあたって重要となる。

エ 弁論の全趣旨のしん酌

弁論の全趣旨とは、口頭弁論に現れた一切の資料・模様・状況のこと
である。当事者の態度、証拠の提出時期なども含まれる。弁論の全趣旨
は、事実認定のあらゆる段階でしん酌して事実認定の助けとすることが
できる。

オ 損害額の認定の特則

損害の発生が認められる被害者の保護はかって、損害が生じたことが
認められる場合において、損害の性質上その額を立証することが極めて
困難であるときは、裁判所は、口頭弁論の全趣旨および証拠調べの結果
に基づき、相当な損害額を認定することができる（248条）。

（3）証拠共通の原則

証拠調べの結果は、その証拠をどの当事者が提出したかに無関係に、
どの当事者の利益のためにも事実認定の資料となる。どちらの当事者か
ら提出された証拠をどのように評価するかは裁判官の自由心証の問題で
あり、弁論主義（第3原則）の問題ではない。この原則は、原告ないし
被告が複数となる共同訴訟の場合の共同訴訟人間でも適用がある。

VIII ＊ 証明責任

1……証明責任の意義

争いのある事実（主要事実）は、裁判所が証拠から自由心証によって

認定することになる。しかし、事実の確定は、原則として当事者の申出に基づく証拠の取調べの結果として得られた証拠資料に基づいて行われることなどから、主要事実の存否がいずれとも確定できず、いわゆる真偽不明（ノン・リケット）の事態に立ち至ることがあり得る。この場合にも、裁判所は、真偽不明を理由に裁判を拒絶することは許されない。真偽不明の場合にも裁判を可能にするには、真偽不明の事実の存在あるいは不存在を擬制する以外には方法がない。ところで、法規は、定める要件に該当する事実の存在が確定できた場合に適用できるという形式で存在している。したがって、主要事実が不存在の場合はもちろんのこと、存否不明の場合にも法規を適用することはできない。つまり、真偽不明の事実は不存在と擬制され、その事実を要件とする法律効果の発生は認められないということになる。このように、ある主要事実が真偽不明である場合に、その事実を要件とする自己に有利な法律効果が認められない一方当事者の不利益ないし危険を「証明責任」という。つまり、証明責任は事実が存否不明の場合においても裁判を可能にするための法技術である。そして、いずれの当事者が証明責任を負うかという証明責任の分配に関しては、民事訴訟法にこれを規定した条文はない。

　どちらの当事者が一定の事実について証明責任を負うのかは、あらかじめ決まっていて、訴訟の経過で原告から被告に移ったり被告から原告に移ったりすることはない。

　ある要件事実について当事者に一方が証明責任を負い、その裏側というべきその要件事実の不存在という事実について他方の当事者が証明責任を負うことはない。すなわち、本証は、要件事実の存在について裁判官に確信を抱かせることが必要であるが、反証（要件事実の不存在）は、本証によって形成されつつある裁判官の心証を動揺させ、真偽不明の状態にもち込めば足り、その不存在まで立証する必要はないことになる。

ところで、原告は、裁判官に確信を抱かせるために有力な証拠を提出するなどして立証に努める。その結果、裁判官の心証が有利に形成できるようになると、これに対し被告は、裁判官の形成した心証を動揺させ真偽不明にするための証拠を提出する必要に迫られる。被告に立証責任が移ったかのようにみえるが、これは「立証の必要性」が被告に移動しただけで、証明責任が移ったのではない。被告の立証活動により真偽不明の状態に戻せば、原告はさらに証拠を提出して、裁判官の心証形成に努めなければならない。真偽不明であれば証明責任を負担する原告が敗訴することになる。

2……裁判所の訴訟指揮と証明責任

　裁判所は、訴訟指揮を通じて、各当事者に対し必要にして十分な主張・立証活動を行うことができるよう努めなければならない。この場合、当事者の主張を的確に整理し、また、証拠の申出を適切に処理する上で、証明責任は重要な指標（羅針盤）となる。すなわち、当事者の主張を整理し、証拠調べの必要があれば、当該事実について証明責任を負う当事者に対し立証を促し、あるいは、立証の順序、証明の程度を適切に判断し、無用の証拠調べを避ける上でも証明責任は重要な指標となる。

3……証明責任の分配

（1）法律要件分類説

　基準としての明確性、思考経済、法不適用原則等を根拠に、原則として、実体法規に定める要件を基準とし、各当事者は自己に有利な法律効果の発生を定める法規の要件事実について証明責任を負うとする考えを法律要件分類説という。実務はこの考え方を採っている[17]。

17）司法研修所編『増補民事訴訟における要件事実　第1巻』（法曹会、1986年、以下「司研・要件事実(1)」という）5頁。

（2）実体法規の分類

　法律効果の発生要件は、客観的に実体法の各法条が規定するところであり、これらの規定は、その法律効果が他の法律効果に対しどのように働くかという観点から、実体法規を以下のように四つに分類する（**図10**参照）。

① 　権利根拠規定（権利の発生要件を定めた規定　例）売買契約の成立（民法555条））

② 　権利障害規定（権利の発生を障害する要件を定めた規定　例）錯誤（民法95条））

③ 　権利消滅規定（権利の消滅の要件を定めた規定　例）消滅時効（民法166条））

④ 　権利阻止規定（権利の行使を一時的に阻止する要件を定めた規定　例）同時履行の抗弁権（民法533条））

　これらの法律効果の働き方によって論理的に定まる組合せについての判断を積み上げることを通じて、訴訟物たる権利の存否を判断する。そして、当事者は自己に有利な法律効果の発生要件事実について証明責任を負う。

　このように法律要件分類説によれば、実定法規に定める要件を基準として証明責任の分配を行うことになるが、これを形式的に行うと、条文相互間の矛盾抵触が生じたり、立証責任の負担の上で不均衡・不公平をきたすおそれがある。そのため、条文の文言および形式にのみ依拠することなく、当事者間の公平といった要素をも考慮しながら、実質的に分配をする必要がある。具体的には、法規・制度の目的、類似または関連する法規との体系的整合性、当該要件の一般性・特別性、またはその要件によって要証事実なるべきものの事実的態様とその立証の難易などが総合的に考慮されなければならない[18]。

18）司研・要件事実(1)110頁。

図10 ● 証明責任の分配

①権利根拠規定

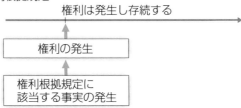

権利は発生し存続する

権利の発生

権利根拠規定に
該当する事実の発生

②権利障害規定

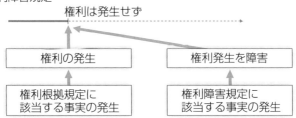

権利は発生せず

権利の発生

権利発生を障害

権利根拠規定に
該当する事実の発生

権利障害規定に
該当する事実の発生

③権利消滅規定

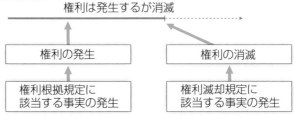

権利は発生するが消滅

権利の発生

権利の消滅

権利根拠規定に
該当する事実の発生

権利滅却規定に
該当する事実の発生

④権利阻止規定

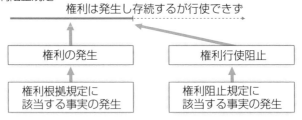

権利は発生し存続するが行使できず

権利の発生

権利行使阻止

権利根拠規定に
該当する事実の発生

権利阻止規定に
該当する事実の発生

4……証明責任の転換

実体法の一般規定に基づく法律要件の分類を特別法において立法者が変更し、同一の事実を異なる性質の法律要件とし、相手方に反対事実の証明責任を負担させることを「証明責任の転換」という。不法行為に基づく損害賠償請求訴訟では、被害者が加害者の過失につき証明責任を負うところ、自動車損害賠償保障法3条ただし書[19]においては、被害者の保護をはかって、加害者に無過失の証明責任を負わせているのが、証明責任の転換である。

5……推定

（1）意義

推定とは、一般的にある事実から他の事実を推認することをいう。前者を前提事実、後者を推定事実という。事実認定に際し、裁判官の自由心証主義の一作用として経験則を適用して行われる場合を事実上の推定といい、経験則が法規化され、法規の適用として行われるのが法律上の推定である。法律上の推定には、事実推定と権利推定とがある。いずれも挙証者の立証負担を軽減するためのものである。

（2）法律上の推定

(ア)　法律上の事実推定

法が、前提事実に基づいて法規の構成要件事実が推定されるべきことを定めるとき、これを法律上の事実推定という（**図11参照**）。

法律上の事実推定の定めがある場合は、推定事実について証明責任を負う当事者としては、前提事実について裁判所の確信を形成することによって、推定事実についての証明責任を果たしたものとして扱われる。これに対し、他方当事者は、前提事実の存在について真偽不明に追い込むか、推定事実の不存在を証明しなければならないことになる。

---

19) 「自己のために自動車を運行の用に供する者は、その運行によつて他人の生命又は身体を害したときは、これによつて生じた損害を賠償する責に任ずる。ただし、自己及び運転者が自動車の運行に関し注意を怠らなかつたこと、被害者又は運転者以外の第三者に故意又は過失があつたこと並びに自動車に構造上の欠陥又は機能の障害がなかつたことを証明したときは、この限りでない。」

図11 ● 推定規定

イ 推定規定を利用する当事者の立証活動

　法律効果Aの発生を欲するXは、その発生要件である乙について証明責任を負う。しかし、証明困難な要件事実乙の立証に代えて（これを「証明主題の選択」という）、証明がより容易な別個の事実甲を証明すれば、相手方が推定を妨げる立証をしない限り、乙を要件事実とする法律効果Aの発生が認められる。

　これに対し、相手方であるYは、前提事実甲の存在について真偽不明に追い込むか（反証）、推定事実乙の不存在を証明（本証）しなければ、Xが欲する法律効果Aの発生を阻止することはできないことになる。Yとしては、推定規定が働いていなければ、乙の存在についてXが証明責任を負っていることから、その存在について真偽不明に追い込めば足りるはずであるところ、前提事実甲が立証されて推定規定が働くと、乙の不存在を立証しなければならなくなる。この意味では、証明責任が転換されているということができる（**図12**参照）。

図12 ● 推定規定2

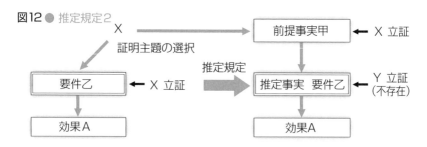

ⓦ　法律上の権利推定

　前提事実によって法律上推定されるものが事実ではなく、権利または
法効果である場合、この規定は法律上の権利推定とよばれる。たとえば、
民法188条の占有物について行使する権利の適法の推定などである[20]。
機能的には法律上の事実推定と異ならない。推定規定の利用者は、権利
または法律効果である乙の発生事実を立証することもできるし、前提事
実甲を立証することもできる。

IX ＊ 証拠調べ

1……証拠調べ手続について

　証拠調べ手続は、①当事者による証拠の申出、②その申出について裁
判所が証拠調べを行うかどうかを判断して証拠決定をし、③その証拠決
定に従って証拠調べを実施する。

（1）人証の証拠調べ

　証拠方法が証人、当事者本人、鑑定人である場合を、人証（じんしょ
う）という。

ⓐ　証人尋問

　証人とは、一般に、過去の事実や状態について認識した内容を陳述す
る者をいい、尋問によりその陳述を求める手続が「証人尋問」である
（190条以下）。

ⓘ　当事者尋問

　当事者本人またはその法定代理人が過去の事実や状態について認識し
た内容の陳述を証拠資料とする証拠調べである。当事者尋問には、証人
尋問の規定が準用され、同様の手続で実施されるが、証人ではないので、
虚偽の陳述をした場合も、過料の制裁があるにとどまり（209条）、刑法

20）「占有者が占有物について権利行使する権利は、適法に有するものと推定する。」

の偽証罪は成立しない。

ウ　鑑定

　鑑定は、専門的な経験則を明らかにするための手続で、専門的な学識経験を有する者が証拠方法となる。そして、鑑定書が提出されても、鑑定書が証拠文書となるのではなく、鑑定人が証拠方法で、鑑定の結果が証拠資料となる。鑑定手続には、証人尋問の規定が準用される（216条）。

（2）物証の証拠調べ

ア　書証

　書証とは、文書という証拠方法により、その思想内容を証拠資料とするために行われる証拠調べである。

イ　文書の成立の真正

　ある文書を一定の事実の裏付けとなる証拠として用いようとする者は、その文書が挙証者の主張する特定人の意思に基づいて作成されたことを証明する必要がある（228条1項）。

ウ　二段の推定（**図13**参照）

　228条4項は、「私文書は、本人又はその代理人の署名又は押印があるときは、真正に成立したものと推定する。」と規定する。ここで「本人の……押印がある」（①）とは、本人の印章と同じ印影があるという意味ではなく、本人の意思に基づいて押印された印影があるという意味に解釈し、同項を適用する前提として、押印の意思も事実上推定し（②）、この結果、挙証者の立証負担を緩和し、文書全体の成立の真正が推定されることになる（③）[21]。これを「二段の推定」という[22]。

エ　書証の手続

　証拠の申出は、①文書の提出、②文書提出命令の申出による（219条）。このほかに③文書送付嘱託の申立て（226条）もある。

①　文書の提出

21）最判昭和39・5・12民集18巻4号597頁。
22）裁研・講義案211頁。判タ1421号5頁参照。

図13 ● 私文書の成立の真正と二段の推定[22]

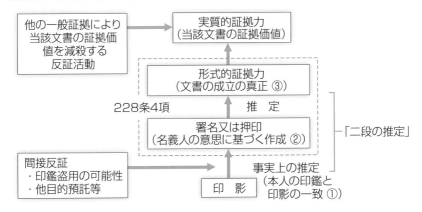

文書の提出による書証の申出は、口頭弁論期日または弁論準備手続期日において行う必要がある（219条）。

② 文書提出命令の申立て

挙証者が提出したい文書を自ら所持していない場合にとり得る一つの手段（221条）。文書提出命令を命じられる者には文書提出義務があることが必要であり、かかる義務については一般義務化されている（220条4号）。

③ 文書送付嘱託の申立て

書証の申出は、文書の送付を嘱託することを申し立ててすることもできる（226条）。所持者が嘱託に応じなくとも制裁はない。文書の所持者が任意に提出することが見込まれる場合に用いられる。

オ 検証

検証は、裁判官が五感（視覚、聴覚、嗅覚、味覚、触覚）の作用でものの形状、状態などを認識し、その結果を証拠資料とするものである。

文書でも記載内容ではなく、たとえば紙の質が問題となっている場合

には、その証拠調べは書証ではなく検証による。同様に人の認識ではなく身体の状況等が問題となっている場合は、証人尋問ではなく検証による。

X ＊ 裁判に拠らない訴訟の完結

1……意義

当事者は、その意思によって、終局判決によらずに訴訟手続を終了させることができる。民事訴訟による権利救済を求めるか否かを当事者の意思に委ねるとする「処分権主義」の原則からすれば、訴えの提起によって手続が開始された後であっても、当事者が判決による紛争解決を欲しないのであれば、その意思を尊重して、訴訟を終了させるべきことになる。しかしながら、終局判決によらずに終了させるにあたっても相手方当事者の利害との調整をはかる必要があること、裁判所としての紛争解決効率を高めるための手続的配慮の必要性から、法は一定の規律を設けている。

2……訴えの取下げ

訴えの取下げとは、訴えの撤回である（261条1項）。

判決が確定する前であれば、上級審でも訴え取下げが可能である。

相手方が本案について準備書面を提出し、弁論準備手続において申述し、または口頭弁論をした後にあっては、相手方の同意を得なければ、その効力は生じない（同条2項）。

訴訟は、訴えの取下げがあった部分については、初めから係属していなかったものとみなす（262条1項）。本案について終局判決があった後に訴えを取り下げた者は、同一の訴えを提起することができない（再訴禁止、同条2項）。

3……請求の放棄・認諾

（1）意義

　請求に理由がないことを認める原告の意思表示で、請求棄却と同様の結果を自認することを請求の放棄という（266条1項）。請求に理由のあることを認める被告の意思表示で、請求認容と同様の結果を自認することを請求の認諾という（同条項）。

（2）時期

　請求の放棄または認諾は、判決確定の前であればいつでもすることができ、上訴審でされた場合には、それまでにされた判決は、請求の放棄・認諾がされた限度で失効する。

（3）効果

　請求の放棄または認諾は、口頭弁論等の期日においてする（266条2項）。

　請求の放棄もしくは認諾を調書に記載したときは、その記載は、確定判決と同一の効力を有する（267条）。

4……訴訟上の和解

（1）意義

　訴訟上の和解とは、当事者が訴訟の係属中に、互いに譲歩し、期日において訴訟を終了させる旨を合意することをいう（267条）。

（2）要件・手続

　裁判所は、訴訟がいかなる程度にあるかを問わず、和解を試み、または受命裁判官もしくは受託裁判官に和解を試みさせることができる（89条）。訴訟上の和解は、和解期日のほか口頭弁論期日や弁論準備手続期日においても可能である。また、相当と認めるときは、裁判所外でもできる（民訴規32条2項）。

（3）効果

　和解を調書に記載したときは、その記載は、確定判決と同一の効力を有する〔267条〕。

XI ＊ 終局判決

1……意義

　裁判とは、裁判機関がその判断または意思を法定の形式で表示する訴訟行為をいう。

2……裁判の種類

裁判の種類	主体	審理手続	判断を示す方法	上訴方法	裁判事項
判決	裁判所	必要的口頭弁論（87条1項本文）	判決書に基づく言渡し（252条）	控訴、上告	権利義務に関する終局的・中間的判断に関する重要事項
決定	裁判所	書面主義、任意的口頭弁論（87条1項ただし書）	相当と認める方法による告知（119条）	抗告、再抗告	保全事件、訴訟指揮の裁判、強制執行事件など
命令	裁判長	書面主義、任意的口頭弁論（87条1項ただし書）	相当と認める方法による告知（119条）	抗告、再抗告	同　上

3 ……判決の種類

4 ……判決の言渡し

（1）意義

　判決は「言渡し」によって効力が生じる（250条）。判決はあらかじめ作成した判決書に基づいて言い渡すことが必要である（252条）。

（2）調書判決

　以下のいずれかに該当する場合で、原告の請求を認容するときは、判決の言渡しは、判決書の原本に基づかないですることができる（254条1項）。

①　被告が口頭弁論において原告の主張した事実を争わず、その他何らの防御の方法も提出しない場合

②　被告が公示送達による呼出を受けたにもかかわらず口頭弁論期日に出頭しない場合

　これらによる場合の判決にあたって、裁判所は、判決書の作成に代えて、裁判所書記官に、判決に欠かせない一定の事項を判決を言い渡した口頭弁論期日の調書に記載させなければならない（254条2項）。この調書が判決書の代わりになるので、実務上「調書判決」とよんでいる。

（3）送達

　判決言渡し後、判決書または調書判決が当事者に送達され（255条）、当事者が送達を受けた日から2週間の控訴期間が進行する（285条）。

5……判決の効力

（1）自己拘束力

判決が成立すると、確定を待つことなく、裁判をした裁判所はもはやその判決の内容を変えることができない。例外として、「判決の更正」（257条1項）と「判決の変更」（256条1項本文）とがある。

（2）羈束力

判決や決定などの裁判の判断内容が、当該事件の手続内で他の裁判所を拘束する効力を「羈束力」（きそくりょく）という。

① 上訴審の破棄判断は、差戻しを受けた下級審を拘束する（325条3項後段）。

② 事実審で適法に確定した事実判断は、上告審を拘束する（321条1項）。

③ 最高裁判所の小法廷は、前になされた最高裁判所の判例に反する判断をすることができない（裁判所法10条3号）。

④ 移送決定は、受移送裁判所を拘束する（同法22条1項）。

（3）判決の確定

言渡しによって成立した判決について、取消不可能な状態を「判決の確定」という。

確定時期については、

① 上訴を許さない判決は、言渡しと同時に確定する。

② 不服申立ての利益を有する当事者に判決正本が送達された日から、上訴または異議申立てをすることなく、上訴期間または異議申立期間が経過したとき、判決は確定する（116条1項）。

③ 当事者が上訴権を放棄したときは、上訴期間満了前でも放棄時に判決は確定する。

（4）既判力

㋐　判決が確定すると、その内容である一定の標準時における権利または法律関係の存否についての裁判所の判断が、それ以後、その当事者間において同じ事項を判断する基準として強制通用力をもつという効果を「既判力」という。

　確定裁判で判断された事項が将来係属する別の訴訟において、訴訟物として、または間接的に専決事項として再び問題となったとき、裁判所は前訴の判決の内容と異なる判断をすることができず、当事者もこれに反する主張・立証については排除される。紛争解決制度である民事訴訟においては、裁判所の終局的判断は可及的に安定していることが必要である。また、処分権主義・弁論主義を採用する訴訟構造の下における当事者の訴訟活動に基づく裁判所の判断に対しては、当事者にも責任がある。このような制度的必要性と正当化の根拠から、確定判決には既判力が認められる。

㋑　既判力の物的限界（客観的範囲）

　既判力は、主文で表示された事項についてのみ生じるのが原則である（114条1項）。しかしながら、主文の文言は簡潔であり、「原告の請求を棄却する」などと宣言するにとどまるため、主文だけでなく判決の事実および理由中の記載を斟酌して、既判力の客観的範囲を確定しなければならない（253条2項）。

㋒　既判力の人的限界（主観的範囲）

　既判力は、対立当事者間に相対的に生ずるのが原則である（115条1項1号）。

　当事者間で行われた訴訟による紛争解決の実効性を確保するために、訴訟物たる権利関係に利害関係を有する第三者に対し既判力を及ぼす必要が生じる場合には例外的に既判力を及ぼす必要がある。法は一定の場

合に明文で既判力の拡張を認めている。115条1項2号以下において次のように定めている。

① 当事者が他人のために原告または被告となった場合のその他人（2号）

② 当事者または①の者の口頭弁論終結後の承継人（3号）

③ 当事者、①または②の者のために請求の目的物を所持する者（4号）

（5）執行力

確定判決や和解調書などに掲げられた給付義務を強制執行手続によって実現できる効力を「執行力」という。

（6）形成力

形成請求を認容する形成判決が確定することによって、判決内容どおりに新たな法律関係の発生や従来の法律関係の変更・消滅を生じさせる効力を「形成力」という。形成判決がなされることにより、法律関係の変動が生じる。なお、法律関係の変動の時期は、実体法の定めるところによる。たとえば、婚姻無効（民法742条）の判決は遡及的効果を生ずるが、離婚（同法770条）の判決は、確定した時から将来に向かってのみ効果が生じる[23]。

23）行政訴訟の取消訴訟においては、当該行政処分を取り消す判決が確定すると、当該処分は、その処分時に遡って効力を失い、初めから処分が行われなかったのと同じ状態となる（「行政処分の遡及的失効」という）。司研・実務研究293頁。

藤代浩則

Ⅰ ＊ 民事訴訟法における要件事実とその役割

1……要件事実の意義

　民事訴訟においては、裁判所は、原告が訴訟物として主張する一定の権利の存否について判断しなければならない。しかしながら、観念的存在である権利の存否を直接認識することはできない。したがって、当該権利の存否の判断は、その権利の発生が肯定されるか、その後、権利が消滅したか、さらに、その消滅の効果の発生が妨げられたかといった、積極・消極のいくつかの法律効果の組合せによって導き出す以外に方法はない[1]。

　実体法（民法等）の多くはこのような法律効果の発生要件を規定したものであり、この発生要件を講学上、「法律要件」または「構成要件」という。

　権利の発生、障害、消滅等の各法律効果が肯定されるか否かは、その発生要件に該当する具体的事実の有無にかかることになる。これを「要件事実」というが、それは訴訟上の事実としての「主要事実」と同義である[2][3]。

2……要件事実の態様

　要件事実は、その性状に従って、人の精神作用を要素とする容態と人の精神作用を要素としない事件とに大別され、前者は、さらに、外部的

1）第1部第1章Ⅰ3（3）民事訴訟における審理の仕組み（7頁）参照。
2）司研・要件事実　12頁。
3）法律要件の中から証明責任の分配原則に従って抽出された抽象的事実を「要件事実」といい、これに該当する具体的事実を「主要事実」という見解もある。坂本慶一・新要件事実論46頁ほか。

容態（行為）と内部的容態（内心状態）に分けられる。

　要件事実は訴訟外の出来事に限られるものではない。訴訟上の相殺の場合の当該口頭弁論期日における相殺の意思表示あるいは同時履行の抗弁権に基づいて引換給付を求める場合の当該権利の行使などは、それぞれ当該法律効果発生の要件事実である。

3……要件事実と立証責任

　通説である法律要件分類説に従えば、法律効果の発生要件は、すべて客観的に実体法の各法条が規定するところであり、これらの実体法の規定は、その法律効果が他の法律効果に対してどのように働くかという観点から、権利の発生要件を定めた権利根拠規定、その権利発生の障害要件を定めた権利障害規定、その権利の行使を一時的に阻止する要件を定めた権利阻止規定、およびその権利の消滅要件を定めた権利消滅規定の四つに分類し、これらの法律効果によって論理的に定まる組合せに従い、訴訟の当事者は、それぞれ自己に有利な法律効果の発生要件事実について立証責任を負う。

　しかしながら、法律効果の発生要件を実体法の条文の形式および文言だけで定めようとするときは、条文相互間の抵触によって不調和を生じ、あるいは不公平な立証責任を負わすことにもなる。そこで、実体法の解釈をするにあたっては、法の目的、類似または関連する法規との体系的整合性、当該要件の一般性・特別性または原則性・例外性およびその要件によって要証事実となるべきものの事実的態様とその立証の難易などを総合的に考慮する必要がある[4]。

4）司研・要件事実10頁。

II ＊ 要件事実と主張責任

1……主張責任

　法律効果の判断に必要な要件事実は当事者が口頭弁論で主張したものに限られ、主張がなければ、たとえその事実が証拠によって認められるとしても、裁判所がその事実を認定して当該法律効果の判断の基礎とすることは許されない（弁論主義第1原則）。したがって、主張責任は要件事実についてはある。

2……主張の欠缺と主張の解釈

　ある法律効果の発生要件事実が数個の事実から成り立っているとき、そのうちの一つでも主張がないならば、当該法律効果発生の要件事実の主張は不備であるから、「主張自体失当」として、立証の成否を判断するまでもなく排斥される。主張責任はある要件事実が弁論に現れなかった場合に働く不利益であるから、その要件事実が弁論に現れている限り、この事実を主張した者がこれについて主張責任を負う当事者であったか否かは問わない（主張共通の原則）。たとえば、抗弁の要件事実の一部について被告の主張が欠けていても、原告の主張の中にこれに該当する事実が現れている場合には、被告の抗弁は主張自体失当はならず、被告に不利益をもたらす危険はない。

　要件事実についての当事者の主張内容と証拠によって認定された事実との間に同一性がないときは、主張された要件事実については立証がなく、また認定事実については主張がないから、立証責任および主張責任を負う当事者の不利益となる。これに関しては、当事者の主張した具体的事実と、裁判所の認定した事実との間に、態様や日時の点で多少の食

い違いがあっても、社会通念上同一性が認められる限り、当事者の主張しない事実を確定したことにはならないとする判例がある[5]。

3……不利益陳述と要件事実

相手方に主張責任がある要件事実を他方の当事者が主張し、相手方がこの事実を争っているために、主張責任を負わない当事者の主張として当該要件事実がそのまま訴訟資料となる場合に、この当事者の主張を「不利益陳述」という。不利益陳述された要件事実は、訴の存否が争われているものであるから、顕著な事実に該当しない限り、証拠によって認定されなければならない。

Ⅲ ＊ 要件事実と攻撃防御方法

1……立証責任と主張責任の関係

ある要件事実について立証責任を負うということは、その事実が立証できなかった場合に、これを要件事実とする法律効果の発生が認められないという不利益を受けることを意味する。他方、ある要件事実について主張責任を負うということは、その事実が弁論に現れなかった場合に、裁判所がその要件事実を判断の基礎とすることができず、これを要件事実とする法律効果の発生が認められないという不利益を受けることを意味する。したがって、立証責任と主張責任とは同一当事者に帰属することになる。

2……要件事実と訴訟活動

弁論主義の下では各要件事実ごとに立証責任と主張責任とは同一当事者に帰属する。したがって、要件事実は、当該訴訟における攻撃防御の

5）最判昭和32・5・10民集11巻5号715頁。

焦点として、それを念頭に置いて主張の整理と立証が行われることになる。

　すなわち、主張責任を負う当事者がまず弁論において当該要件事実を主張することで、相手方の認否を求めて立証の要否を知るところとなり、本証の準備をすることになる。他方、相手方にとっては、反証の要否を知ることになるので、防御の機会を保障することになる。また、要件事実は主張立証の両面にわたる当事者の訴訟活動の目標・焦点であるから、これが示されることによって裁判所は適切かつ効果的な訴訟指揮をすることが可能となる。

3……請求原因、抗弁、再抗弁

　訴訟物（たとえば、所有権に基づく建物明渡請求権）を理由付ける事実として、原告は請求権の発生要件等に該当する主要事実すなわち要件事実を主張する。この場合の主要事実が「請求原因」である（民訴規53条の「請求を理由付ける事実」と同義）。ドイツ語 klagegrund ということから「Kg」と略号で表記することがある。

　この請求原因に対して、被告が、かかる請求権の行使を障害、消滅あるいは阻止する要件に該当する要件事実を主張する。これを「抗弁」という。ドイツ語 Einrede の頭文字をとって「E」と表記することがある。

　また、被告の抗弁に対して、原告が、抗弁による法律効果の発生を障害させる要件等に該当する要件事実を主張する。これを「再抗弁」という。ドイツ語 Replik の頭文字をとって「R」と表記することがある[6]。

　これら請求原因、抗弁、再抗弁の関係は図1参照。
また、攻撃防御方法と要件事実との関係は図2参照。

　なお、請求原因、抗弁、再抗弁の関係に関する具体的な説明は第1部「第3章　類型別の要件事実」（65頁以下）を参照のこと。

6）再抗弁による法律効果の発生障害要件、消滅要件等であって、抗弁による法律効果を復活させるものを「再々抗弁」（略号は「T」）といい、それ以下の攻撃防御方法が続く。

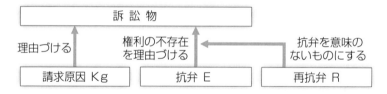

図1 ● 訴訟物、請求原因、抗弁、再抗弁の関係

```
┌─────────────────────────────────┐
│           訴 訟 物                │
└─────────────────────────────────┘
    ↑              ↑          ↑
 理由づける   権利の不存在      抗弁を意味の
           を理由づける      ないものにする
┌──────────┐ ┌──────────┐ ┌──────────┐
│ 請求原因 Kg │ │  抗弁 E   │ │ 再抗弁 R  │
└──────────┘ └──────────┘ └──────────┘
```

図2 ● 攻撃防御の方法と要件事実

```
┌──────────┐   ┌──────────┐   ┌─────────────────┐
│  権  利   │ ← │ 権利の発生 │ ← │ ・障害 ・消滅 ・阻止 │
└──────────┘   └──────────┘   └─────────────────┘
                   ↑ 法律効果       ↑ 法律効果
┌──────────┐   ┌──────────┐   ┌─────────────────┐
│  訴訟物   │ ← │  請求原因  │ ← │      抗  弁      │
└──────────┘   └──────────┘   └─────────────────┘
```

4……抗弁と否認

㋐ 抗弁と否認は、いずれも相手方の主張を排斥するための事実上の主張である点で同じである。しかし、否認は相手方が証明責任を負う事実を否定する陳述であるのに対し、抗弁は自己が証明責任を負う事実の主張である点で異なる。すなわち、抗弁は、積極的に事実を主張して相手方の主張事実を争う点で積極否認と類似するが、抗弁として提出する新たな事実は自己が証明責任を負う点および相手方の主張事実と論理的に両立し得る点で積極否認と異なる。

㋑ 否認には、単純否認と積極否認とがある。単純否認とは、単に相手方の主張を否定する陳述をいう。積極否認とは、相手方の主張事実と両立しない事情を積極的に述べて相手方の主張を否定する陳述をいう。積

極否認は、相手方が主張・立証責任を負う事実に対する否認の理由を明示するものに過ぎないから、否認したものがその事実について主張立証責任を負うわけではない。なお、相手方の主張する事実を否認する場合は、否認の理由を付した積極否認であることを求めている（161条2項、民訴規79条3項）[7]。

㋑　たとえば、売買契約に基づく売買代金請求の主張に対して、被告が、弁済、免除、消滅時効や解除などを主張するのは、抗弁である。これに対して、被告が贈与を主張した場合は、積極否認である。すなわち、「売買契約を締結した」という事実と「売買代金を支払った（弁済した）」との事実とは両立するが、「贈与契約を締結した」という事実とは両立しない。したがって、後者の場合は「抗弁」ではなく「否認」となる。

　なお、貸金返還請求の主張に対して、被告が「借りたが、弁済した」との主張は、一定限度で相手方の主張事実を認めつつ（「借りた」）、これと両立する事実（「弁済した」）を付加しているので、「借りた」の部分について裁判上の自白が成立し、「弁済した」とする付加部分について、被告に証明責任がある[8]。

Ⅳ ＊ 規範的要件の要件事実

1……規範的評価と具体的事実

　民法1条2項は「信義誠実」、110条は「正当理由」、709条においては「過失」を法律効果の発生要件としてしている。このような規範的評価に関するものを規範的要件という。そして、この規範的評価を成立させるための具体的事実を評価根拠事実という[9]。

　規範的要件の要件事実すなわち主要事実を当該規範的評価自体とし、

7）民事訴訟規則79条3項「準備書面において相手方の主張する事実を否認する場合には、その理由を記載しなければならない。」
8）裁研・講義案234頁。
9）評価根拠事実と後述の評価障害事実の具体例については本書98頁以下参照。

評価根拠事実を間接事実とみるのか（「間接事実説」）、評価根拠事実を主要事実とみるのか（「主要事実説」）とで争いがある。実務は主要事実説に立っていると解されている[10]。

　主要事実説の理解によれば、規範的評価を根拠付ける事実のみが主要事実なので、これに該当する具体的事実の全部について主張責任が生じるが、他方で規範的評価自体については主張責任がないことになる。したがって、たとえば民法709条の「過失」の評価は法律問題であって、当事者が「過失あり」として規範的評価の成立を主張しても、それは性質上は法律上の意見の陳述となる。

2……規範的評価の障害事実

　規範的評価根拠事実と両立するが、その評価の成立を妨げるような事実を評価障害事実という[11]。そして、評価障害事実は当該評価の成立を妨げる効果をもつから、評価障害事実も主要事実であり、当該規範的評価の成立を争う側の当事者に主張立証責任がある。

　このように評価障害事実を考えると、ある規範的評価の成立が請求原因の要件となるとき、評価障害事実はこれに対する抗弁として位置付けられる（抗弁説）[12]。

V ＊ 事実の可分・不可分

1……意義

　要件事実を考えるにおいては、一定の法律効果の発生のために必要な事実として、どこまでが本質的なもとして不可分一体であるのかを考える必要がある。すなわち、ある一定の法律効果の発生を主張するためには、本質的に不可分一体というべき事実のすべてを主張立証しなければ

---

10) 司研・要件事実30頁。
11) 過失、正当理由、背信性、権利濫用など。
12) 司研・要件事実34頁。

ならず、それ以外の非本質的部分の事実を主張立証する必要がない。

2……社会的事実の可分性

　歴史的・社会的には一個一連の事実であっても、所要の法律効果の発生要件にあたらない事実については、その法律効果に関しては主張・立証責任がないとういう観点からすれば、社会的事実は要件事実とそれ以外の事実とに分けることができる。

　たとえば、売主が売買代金請求権をするにあたっては、当該売買契約の成立という具体的事実の主張・立証があれば足り、当該売買契約締結までに駆け引きなどがあったとしてもそれらの経緯あるいは動機などの事実は、当該売買契約の成立の事実とは可分である。

3……要件事実の不可分性

（1）法律行為の成立要件の不可分性

　ある法律効果の発生を主張しようとする者は、その効果の発生原因にあたる事実について主張・立証責任を負うから、その発生原因が法律行為である場合には、当該法律行為の成立要件に該当する事実をすべて主張・立証しなければならない。したがって、法律行為の成立要件にあたる事実は不可分である。

（2）契約の成立要件の不可分性

　ある法律効果の発生が一定類型の契約に基づくとき、この法律効果の発生を主張するには、当該類型の契約の成立要件にあたる具体的事実をすべて主張・立証しなければならない。たとえば、契約に基づいてある物の引渡しを請求する場合に、その引渡請求権の発生要件として、同契約が売買契約であるのかあるいは賃貸借契約であるのかその法的性質を認識できるように、いずれかの契約としての要件事実すべてを立証する

必要がある。単に、引き渡す旨の合意の成立を主張・立証するのみでは
足りない。

（3）法律行為の附款等の可分性

⑦　附款

　法律行為の当事者は、意思表示のなかで、法律行為の効力の発生・消
滅を一定の事実にかからせることがある。それには、発生するか否か不
確実な事実にかからせる場合（条件）と、発生することが確実な事実に
かからせる場合（期限）とがある。これを法律行為の附款という。

　条件または期限の主張・立証責任は、これによって利益を受ける当事
者に帰属する。したがって、対象となった法律行為が請求原因の要件事
実である場合、附款の成立は請求原因で認められた法律効果の発生障害
の抗弁の要件事実または消滅の抗弁の要件事実の一部となるので、附款
の成立についての主張・立証責任は、その対象となった法律行為の主
張・立証責任と区別して考える。

　たとえば、停止条件または停止期限は、その対象となった法律行為の
効果を障害する事由となるので、「抗弁」になる。

⑦　特約

　特約とは、それが存在しなければ通常発生することが認められる法律
効果をとくに制限する約定をいう。

　したがって、特約は、それが付された法律行為の成立要件ではないか
ら、当該特約によって発生する法律効果によって利益となる者に、その
合意の成立についての主張・立証責任がある。つまり、特約と本体であ
る法律行為とは可分である。

VI ＊ 攻撃防御方法としての要件事実

1……要件事実の特定と具体性

　訴訟において主張・立証すべき要件事実は、抽象的な法律（成立）要件ではなく、現実に発生した社会的な事実であり、人の内心的事実から精神作用を要素としない事実まで、あるいは一定時点でされた行為から継続した状態まで、さまざまな態様がある。したがって、多様な事実の中から要件事実として一定の事実を主張するにあたっては、その事実を他の類似の事実から識別できるように特定し、かつ、具体性をもって示さなければならない[13]。

　要件事実を特定する手段としては、一般的には事実が発生した日時の順である時系列で示すことが多いが、主体、客体、事実の態様などを組み合わせることによって特定することもある。

　主張の上で、ある要件事実をどこまで正確に特定し、どの程度まで詳細かつ精密に具体化しなければならないかは、当該訴訟において問題となる要件事実が果たす役割を考慮して、個々具体的に決められることになる。しかし、争いのある要件事実は、当事者にとっては攻撃防御の目標となるものであり、裁判所にとっては審理の手続を進め、心証形成するための目標であるから、正確に特定し、適切に具体化して主張することが望ましい。したがって、相手方が争いの対象となっている要件事実に対応して防御活動を行う利益を実質的に損なわない範囲で、事実の主張について特定性および具体性を要求する限度が定まることになり、この限度内であれば、主張が概括的になったり、あるいは抽象化されても主張自体失当とはならない。

13）司研・要件事実52頁。

2……要件事実の時的要素

　ある法律効果の発生のために必要とされる要件事実は、その効果発生の時期以前の時点で存在または発生していなければならない。また、履行遅滞による解除（民法541条）のように、一定の手続の履践が法律効果発生の要件である場合は、履行期の経過、催告、相当期間の経過、解除の意思表示という各個の事実相互間には、個々で述べた順序と同一の時間的順序（先後関係）が要求される。したがって、要件事実には、それぞれ何らかの意味で時的要素があり、これを欠いた要件事実の主張は要件事実として意味をなさない。

　要件事実がある事実についての知（悪意）、不知（善意）のような事実状態であるときは、その時的要素を明確に示す必要がある。

3……法律の規定と同一内容の合意

　当事者が法律の規定と同一内容の合意をした場合は、その成立が主張・立証されない場合でも、この合意に基づく法律効果と同じ法律効果が法律の規定によって発生する。したがって、かかる合意の成立の主張は、攻撃防御方法とはならない。

4……攻撃防御方法の内包関係（過剰主張）「a＋b」について

（1）過剰主張について

　実体法上の法律効果だけを考えれば、aという要件事実を内容とする攻撃防御方法〔A〕と並んで、a事実とそれ以外のb事実とからなる別個の攻撃防御方法〔B〕を構成できる場合がある。このような場合には、〔B〕は要件事実的にはa＋bとなっている。しかし、要件事実がa＋bであるような〔B〕は、訴訟上の効果すなわち請求の当否の結論を導き出すための効果において同じ働きをもつ〔A〕を内包することになるか

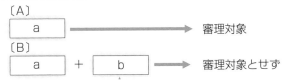

図3 ● 過剰主張 (a+b)

〔A〕

| a | → 審理対象 |

〔B〕

| a | + | b | → 審理対象とせず |

ら、〔B〕の攻撃防御方法としての機能はa事実のみにかかり、b事実は無意味になる。つまり、〔A〕の主張のみで法律効果が生じ、〔B〕の事実の有無を問わず、当事者の目的は達成されることから、〔B〕の主張は「過剰主張」となり、審理の対象としない[14][15]（**図3**参照）。

（2）過剰主張の例

XがYに対し、賃貸借契約終了により建物明渡請求をするにあたり、請求原因で賃料支払債務の履行遅滞による賃貸借契約の解除（民法541条）を主張した場合を例に説明する。

Xの主張に対し、Yは「弁済の提供」の抗弁〔A〕として、「催告後解除の意思表示前に弁済を提供した」との事実〔a〕を主張することができる。他方、Yは、上記事実〔a〕に加えて、「受領拒絶による弁済の供託」についての要件事実〔b〕を主張することで、「供託の抗弁」〔B〕が成立する。

しかし、〔B〕の要件事実は〔a＋b〕であり〔A〕を内包する関係にあるから、〔b〕の事実は無意味な事実といえる。したがって、抗弁としては〔a〕事実のみで必要十分であり〔B〕は要件事実（抗弁）として審理の対象としない（**図4**参照）。

なお、いわゆるa＋bの関係は、それが独立した攻撃防御方法Aの要件事実全部を内包していることによって起こるものであるから、他の攻撃防御方法Bが攻撃防御方法Aの要件事実の一部を取り込んでいるに過ぎない場合は、a＋bにはあたらない。

14) 司研・要件事実58頁。
15) 当事者としては、Aの事実とBの事実の両方、あるいはいずれかを提出することができるはずであるが、「a＋b」の理論によれば、Bの主張は過剰として審理の対象としないことになるから、当事者の意思を正確に審理に反映させることができないのではないかという批判もある。

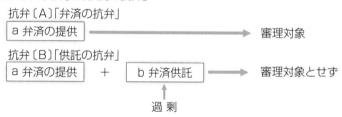

図4 ●「弁済の抗弁」と「供託の抗弁」

抗弁〔A〕「弁済の抗弁」
　ａ 弁済の提供　――――――――→　審理対象

抗弁〔B〕「供託の抗弁」
　ａ 弁済の提供　＋　ｂ 弁済供託　――――→　審理対象とせず
　　　　　　　　　　　↑
　　　　　　　　　　過 剰

5……攻撃防御方法の避けられない不利益陳述 「せり上がり」

（1）「せり上がり」について

　売買契約のような双務契約に基づく債権債務関係においては、一方が他方に契約内容の履行を求める場合に、自らの債務の履行もしなければならないという「同時履行」の関係に立つ。したがって、双務契約関係において、その発生原因事実を主張・立証することによって、同時履行の抗弁権（民法533条）の存在が基礎付けられてしまう。

　相殺を例にすれば、自働債権に同時履行の抗弁権が付着している場合には相殺は許されない。したがって、売買契約において売主（Ｙ）が買主（Ｘ）の受働債権に対して自働債権として売買契約に基づく代金支払請求権を主張・立証すれば、売買契約は双務契約であることから同時履行の抗弁権が付着しているのが現れるので、相殺が禁止されることになる。かかる売主の主張を「不利益陳述」という。売主としては、自働債権に付着しているこの抗弁権を否定しておく必要があり、かかる主張を併せておかないと「主張自体失当」となる。

（2）「せり上がり」の例

　ある攻撃防御方法の主張が、同時にその主張に対して抗弁的に働く主張（上記例の「同時履行の抗弁」）主張も含んでいるような場合には、

16) 潮見佳男『プラクティス民法　債権総論（第５版補訂）』（信山社、2020年）128頁。存在効果説では、契約上の債務と反対債務とが同時履行の関係にあるときには、両債務の牽連性に照らし、それぞれの債権の貫徹可能性に実体法上の制約が内在していると考える。これに対して、債務者が同時履行の抗弁権を積極的に行使しなければ、履行請求権が問題となる局面では債権者からの履行請求が認められるとする考え方もある（「行使効果説」）。「せり上がり」は前

本来的には再々抗弁に該当する要件事実についても、当該攻撃防御方法の内容として主張する必要がある（「存在効果説」）。したがって、この攻撃防御方法の主張が同時に抗弁的に働く攻撃防御方法の主張をも含む場合は、再々抗弁にあたる要件事実までも攻撃防御方法の内容として主張しなければならない[16]。

　前述の例でいえば、再々抗弁にあたる要件事実を、再抗弁（同時履行の抗弁）にあたる要件事実よりも前に、つまり「せり出して」、抗弁（相殺）にあたる要件事実を主張するときに併せて主張しなければならないので、これを称して「せり上がり」という（**図5**参照）。

図5 ● せり上がり

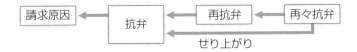

　前記（1）の相殺の例を図示すると次のようになる。
① 　ＸＹの売買契約の締結（自働債権の発生原因事実）
② 　ＹはＸに対し①の売買の目的物を引き渡したこと　←＊
③ 　ＹはＸに対し、上記売買代金債権をもって、Ｘ主張の債権と対当額で相殺するとの意思表示をしたこと（相殺の意思表示）
＊「せり上がり」となる事実

VII ＊ 小括

　民事訴訟における原告・被告の攻撃防御の構造は主張証明責任の分配にある。攻撃防御の構造が組み立てられるようになるには、実体法の解

者の考え方に依拠しており、後者の考え方によれば「せり上がり」は生じない。

釈を踏まえて要件事実の考え方を理解することが必要となる。

　たとえば原告が訴訟においてその権利を主張するにあたっては、主張証明責任のある事実（請求原因）を主張すれば足りるが、逆にこの要件事実を一つでも落とせば、原告の請求は「主張自体失当」として、請求棄却となる。

　したがって、訴訟代理人となる場合には、当事者の語る生の社会的事実を聴取し、それを根拠付ける資料（証拠）の有無を確認するにあたって、要件事実を意識することが必要不可欠である。つまり、弁論主義の下において主張・立証活動を展開していくためには、要件事実論を修得することが必要となるのである[17]。

---

17) 加藤新太郎ほか『要件事実の考え方と実務（第4版）』（民事法研究会、2019年）11頁。

第 3 章

類型別の要件事実

佐藤美由紀

1 ＊ 序論

　2017（平成29）年 5 月26日、「民法の一部を改正する法律案」が可決、成立した。本法は同年 6 月 2 日に公布され（平成29年 6 月 2 日法律第44号）、2020（令和 2 ）年 4 月 1 日に施行されることとなった。

　2020（令和 2 ）年 4 月 1 日以降に生じた出来事については、原則として、新しい民法が適用されるため、本書は改正後の新しい民法が適用されることを前提として、記載している。もっとも、2020（令和 2 ）年 4 月 1 日より前に締結された契約や2020（令和 2 ）年 4 月 1 日より前に発生した権利については、改正前の民法の規定が適用される場合もあるので、よく注意されたい（適用関係については、「（民法の一部を改正する法律）附則（平成29年 6 月 2 日法律第44号）」を参照されたい）。

　本章のうち、以下のものが改正法の対象となる。

2 ＊ 売買契約に基づく代金支払請求訴訟の要件事実
3 ＊ 貸金返還請求訴訟の要件事実
5 ＊ 賃貸借契約終了に基づく不動産明渡請求訴訟

2 * 売買契約に基づく代金支払請求訴訟の要件事実

【設例】

> Xは、2020年6月10日に、ロボットアニメの限定フィギュアを代金100万円で、Yに売った。XはYに対して代金を請求したいと考えている。この場合、Xはどのような事実の主張をすればよいのか。

図1

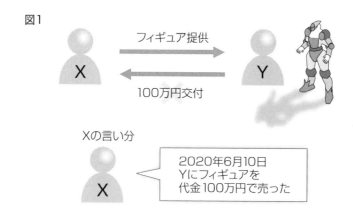

2−1……訴訟物

本問において、XはYに対し、フィギュアの売買代金100万円を請求している。このことから、本問における訴訟の対象、すなわち、訴訟物は、「売買契約に基づく代金支払請求権」である。

2 – 2 ……請求原因事実

　Xが売買代金を請求するために必要な要件をみつけるためには、まず、売買契約の成立を認めた民法の条文を確認する。

　民法555条は「売買は、当事者の一方がある財産権を相手方に移転することを約し、相手方がこれに対して代金を支払うことを約することによって、その効力生ずる」と規定する。ここから、売買契約の成立要件は①財産権移転の約束と②代金支払いの約束であることがわかる。

　売買代金請求権は、売買契約の成立によって発生することから、Xは請求原因として、売買契約成立の要件事実を主張することになる。

　設例の売買契約成立の要件事実にあたる具体的事実は、①Xが財産権（フィギュアの所有権）を移転する約束をしたこと（財産権移転の約束）②Yが代金支払いの約束（代金支払いの約束）をしたことである。

　そして、目的物と代金額は、売買契約の要素であることから、これらの主張・立証が不可欠となる。

　したがって、Xが主張すべき要件事実は、売買契約締結の事実、すなわち、「Xは、2020年6月10日に、フィギュアを代金100万円でYに売った」との事実となる。

2 – 3 ……Yの反論

　では、Xの主張に対しYはどのような反論をするだろうか。

（反論①）　私はXからフィギュアなんか買っていない。

（反論②）　私は、たしかにXからフィギュアを買った。しかし、2025年7月4日、Xに対し、内容証明にて時効の援用の意思表示をしているから、代金支払債務はすでに時効消滅している。

図2　　　　Yの言い分

反論 ①
・フィギュアを
　買ってない

反論 ②
・フィギュアを
　買った　　しかし・2025年7月4日
　　　　　　　　　　　　時効を援用した

Y

今度は、これらの主張について、検討してみる。

（1）否認と抗弁

まず、反論①記載の主張は売買契約締結の事実を否定している。すなわち否認である。

他方、反論②記載の消滅時効の主張は、売買代金の消滅原因であり、抗弁となる。すなわち、反論②の主張は、売買契約の締結により売買代金請求権は発生したが、消滅時効により同請求権は消滅したというものである。

（2）消滅時効

ⓐ　民法（債権法）改正による改正点について

民法の改正により、消滅時効の時効期間と起算点については、その内容が変更されている。本書では、改正後の消滅時効のルールについて説明をするが、改正民法が適用されるのは、改正民法の施行日（2020年4月1日）より前に債権が生じた場合、又は施行前に債権発生の原因である法律行為がされた場合には、改正前の民法が適用される（民法の一部を改正する法律附則10条1項、同4項）。

そこで、消滅時効の主張を検討する場合は、債権が発生された時期に注意を要する。

ⓑ　消滅時効の要件

債権の消滅時効の要件は、①債権者が権利を行使できることを知った

こと（民法166条1項）、②①の時点から5年間が経過したこと（同法166条1項）、③援用権者が時効援用の意思表示をしたこと（同法145条）である。

　売買契約が締結されれば、原則売主は「権利を行使できることを知った」と評価できるので、①の要件にあたる事実は、すでに請求原因に現れている。したがって、本問では、①の要件にあたる事実をYが重ねて主張する必要はない。

　なお、①の要件にあたる事実は、本来、消滅時効の効果を主張する者に主張・立証責任があることには注意が必要である。

🅦　次に②の要件を検討してみよう。

　売買契約が締結されれば、買主は売主に対し、ただちに代金債権を行使することができるのであるから、Xは2020年6月10日から権利行使をすることができる。しかしながら、民法140条本文が、「日……によって期間を定めたときは、期間の初日は起算しない」と定めていることから、消滅時効の起算の計算は、翌日（本問では、2020年6月11日）からすることになる[1]。そして、2020年6月11日から5年を経過した時、すなわち2025年6月10日を経過した時に時効期間が満了する。

　したがって、②の要件として、Yが主張すべき要件事実は、「2025年6月10日は経過した」との事実となる。

　なお、2025年6月10日が経過したことは公知の事実であるから証明は不要である（民事訴訟法179条）。

🅔　では、③の要件はどうであろうか。

　民法145条は、「時効は、当事者（消滅時効にあっては、保証人、物上保証人、第三取得者その他権利の消滅について正当な利益を有する者を含む。）が援用しなければ、裁判所がこれによって裁判をすることができない。」と規定する。

1）最判昭和57・10・19民集36巻10号2163頁。

時効援用の法的性質および効果については見解がわかれているが、判例は時効による債権消滅の効果は、時効が援用されたときに初めて確定的に生じるものとする[2]。判例の立場からすると、時効の援用は、権利の得喪を確定させる実体上の要件であり、時効によって不利益を受ける者に対する実体法上の意思表示であることとなる。

　したがって、消滅時効の効果を主張したいのであれば、時効援用の意思表示、すなわちi）誰が（援用者が）、ii）いつ、iii）誰に対し（時効によって不利益を受ける者に対し）、iv）時効の意思表示を行ったかについて、主張しなければならない。

　③の事実については、「Yは、2025年7月4日、Xに対し、時効援用の意思表示をしたこと」が、要件事実となる。

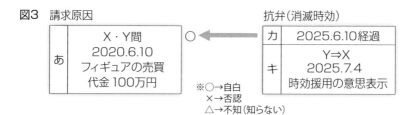

図3　請求原因　　　　　　　　　　　　　　　　抗弁（消滅時効）

| | X・Y間 2020.6.10 フィギュアの売買 代金100万円 | ○ ← | カ | 2025.6.10経過 |
| あ | | | キ | Y⇒X 2025.7.4 時効援用の意思表示 |

※○→自白
　×→否認
　△→不知（知らない）

（3）Xの再反論

⑦　では、Yの消滅時効の抗弁に対し、Xはどのような反論を行うであろうか。

④　改正民法は、時効の障害制度として、「完成猶予」と「更新」という制度を設けた。

　「完成猶予」とは、権利行使の意思を明らかとした評価できる事由が発生した場合に、一定の期間は時効が完成しないとする制度である。

　これに対し、「更新」とは、権利の存在について確証がれられたと評

2）最判昭和61・3・17民集40巻2号420頁。

価できる一定の事由が派生した場合、これまでの時効の進行を白紙に戻し、新たに時効の進行が始まるとするものである。

「完成猶予」は旧法の「中断」、「更新」は旧法の「中断」に対応した概念であるが、単に用語が変更しただけではないという点に注意が必要である。旧法での勉強をした読者は、どのような事由が完成猶予に該当し、どのような事由が更新に該当するかについて、一度確認、整理することをお勧めする。

㋒　時効の更新

Xの再反論として、時効の完成猶予または更新を主張することが考えられる。

Xは時効の更新事由として、Yが承認したことを主張するとしよう。

では、債務の承認（民法152条1項）の要件事実はどのように主張するか。

（パターン①）　Yは2023年3月3日、債務を承認しました。
（パターン②）　私は、Yは2023年3月3日に、「2020年6月10日に買ったフィギュアの代金100万円は、必ず払うので、もう少し支払いを待って欲しい」という手紙を受け取りました。

民法152条1項は、「時効は、権利の承認があったときは、その時から新たにその進行を始める。」と規定する。

債務の承認とは、時効の利益を受ける者が、時効によってその債務を失う者に対して、その権利の存在することを知っていることを表示する観念の通知をいう。

㋓　債務の承認について、当事者間に争いがない場合には、パターン①記載の通り、単に「Yが承認した」との事実を記載すれば足りる。しか

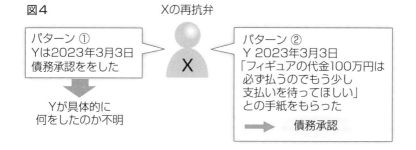

図4

Xの再抗弁

パターン ①
Yは2023年3月3日
債務承認ををした

↓

Yが具体的に
何をしたのか不明

パターン ②
Y 2023年3月3日
「フィギュアの代金100万円は
必ず払うのでもう少し
支払いを待ってほしい」
との手紙をもらった

→ 債務承認

し、Yが承認の事実を争っている場合、パターン①の記載では、攻撃防御の対象が不明確である。そこで、この場合、パターン②に記載するように債務の承認にあたる具体的事実の記載が必要となる。具体的には、Yは、2023年3月3日頃、Xに対し、「2020年6月10日に買ったフィギュアの代金100万円は、必ず払うので、もう少し支払いを待って欲しい」という手紙を送付することによって、債務を承認したという事実の適示が必要となる。

図5

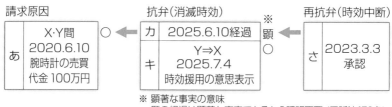

請求原因

| あ | X・Y間
2020.6.10
腕時計の売買
代金 100万円 | ○ |

抗弁（消滅時効）

| カ | 2025.6.10経過 |
| キ | Y⇒X
2025.7.4
時効援用の意思表示 |

※
顕
○

再抗弁（時効中断）

| さ | 2023.3.3
承認 |

※ 顕著な事実の意味
　暦の経過は顕著な事実であるから証明不要（民訴法179条）

3 ＊ 貸金返還請求訴訟の要件事実

【設例】

【Xの言い分】

　私は、2021年 1 月24日に、親友のYから、事業の運転資金として100万円を融資してほしいと懇願され、同日、100万円を、返済期限を同年 8 月31日として貸す契約をし、この内容の契約書を作成しました。私は、合意したその日にM銀行に行き、Yに100万円の現金を渡しました。

　しかし、2021年 8 月31日が経過したにもかかわらず、いまだに100万円を返してもらっていません。

【Yの言い分】

　私は、確かに2021年 1 月24日に、Xから100万円を借り受けました。

　しかし、私は、2021年 2 月13日に全額返済しています。

図6

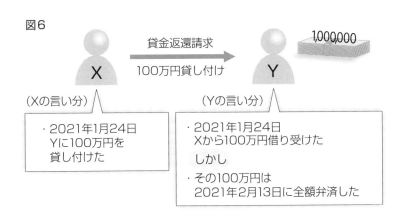

次に、この設例についての要件事実を検討してみる。

3－1……訴訟物

本問における訴訟物は「消費貸借契約に基づく貸金返還請求権」である。

3－2……請求原因

（1）民法（債権法）改正による改正点について

民法587条は「消費貸借は、当事者の一方が種類、品質及び数量の同じ物をもって返還をすることを約して相手方から金銭その他の物を受け取ることによって、その効力を生ずる。」と規定している。したがって、消費貸借契約は、借主に実際に物が交付されるまでは成立しない（要物契約）。しかし、現代社会においては、消費貸借が厳密に要物契約であることを貫くと不都合が生じることがある。たとえば、自宅を購入する際、金融機関かとの間で住宅ローンが組まれることが一般的であるが、要物契約であることを厳格に求めると、金融機関との間で住宅ローンを組む約束をしても、実際に融資が実行されるまでは本当に融資を受けられるかどうかわからないのは極めて不都合である。改正前は、無名契約としての諾成的消費貸借を認めていたが[3]、改正によりで諾成的消費貸借契約の規定が新設された。改正民法は、要物契約としての消費貸借契約のほか、要式契約としての諾成的消費貸借契約を併存するかたちで認めている。

本問については、諾成的消費貸借契約の例について解説を行う。

（2）書面でする消費貸借契約の成立

民法587条の2は「書面でする消費貸借は、当事者の一方が金銭その他の物を引き渡すことを約し、相手方がその受け取った物と種類、品質

3）最判昭和48年3月16日金法683号25頁。

及び数量の同じ物をもって返還をすることを約することによって、その効力を生ずる。」と規定する。

したがって、書面でする消費貸借契約の成立要件は①金銭貸付の合意、②金銭返還の合意、および③①と②の約束が書面でなされたこと、となる。

（3）貸借型契約の特質

では、金銭返還の約束と金銭交付の事実を主張すれば、請求原因事実は足りるのか。たとえば、本問で、XがYに100万円を交付したその場で100万円の返還を求めた場合、Yはお金を借りた目的を達成できるであろうか。Yがこの100万円を事業の運転資金に利用できない以上、この契約はYにとって全く無意味な契約となる。

このように、貸借型の契約には、一定の価値をある期間借主に利用させることに特質がある。このような特質から、貸借型契約は契約関係が終了した時に初めて、貸主は借主に対し目的物の返還を請求することができることになる[4]。したがって、消費貸借契約に基づく貸金返還請求権は、契約の終了を要件とする。

よって、貸金の返還を請求するためには、契約の終了を主張しなければならない。

（4）契約の終了

⑦　弁済期の合意がある場合

当事者間に弁済期の合意がある場合には、その期限の到来によって貸金返還請求権が発生する。したがって、この場合の要件事実は、弁済期の合意および弁済期の到来が要件事実となる。

④　弁済期の合意がない場合

弁済期の合意がない場合には、「当事者が返還の時期を定めなかったときは、貸主は、相当の期間を定めて返還の催告をすることができる。」

4）このような貸借型の特質から、従来は返還時期の合意が貸借型契約の本質的要素であると考えられていた。古い本では、貸借型の本質的要素との記載をしてあることが多いので、注意してほしい。

図7

【弁済期の合意あり】	【弁済期の合意なし】
請求原因 ① XとYで、金銭貸付の合意をしたこと ② XとYで金銭返還の合意をしたこと ③ XとYで弁済期の合意をしたこと ④ ①と②の約束が書面でなされたこと ⑤ XがYに対して、金銭の交付をしたこと ⑥ 弁済期の到来	請求原因 ① XとYで、金銭貸付の合意をしたこと ② XとYで金銭返還の合意をしたこと ③ ①と②の約束が書面でなされたこと ④ XがYに対して、金銭の交付をしたこと ⑤ ②の債務の履行の催告をしたこと ⑥ ⑤の催告後相当期間が経過したこと

（民法591条1項）と定めており、これによれば、買主が借主に返還を催告し、その後相当期間が経過することによって貸金返還請求権が発生することになる。

　なお、催告の際に相当期間を定めなかったとしても、催告の時から客観的にみて相当期間が経過すれば貸金返還請求権は発生していると考えられることから、「相当期間を定めたこと」は催告の要件とならない[5]。

（5）目的物（金銭）の交付

　消費貸借契約（587条）は要物契約であるのに対し、書面でする消費貸借契約（587条の2）は諾成契約である。そのため、目的物の交付は契約の成立要件とならない。もっとも。貸主が借主に対して、貸金の返還を求めるためには、金銭の交付がなされていることが当然の前提となることから、金銭の交付も請求原因となる。

　なお、その結果、書面でする消費貸借契約の請求原因に、要物契約としての消費貸借契約に基づく請求原因（①返還合意、②金銭交付、③弁済期の合意、④弁先の到来）がすべて含まれることとなる[6]。

（6）本問の請求原因事実

　本問についてXが請求原因事実として主張する事実は次のようになる。

5）司法研修所編　『新問題研究要件事実』（法曹会、2011年）40頁。
6）小賀野晶一・松嶋隆弘編著『民法（債権法）改正の概要と要件事実』（三協法規、2017年）。

① Ｘは、Ｙに対し、2021年1月24日、100万円を貸すことを約束した（金銭貸付の合意）。

② Ｙは、Ｘに対し、2021年1月24日、100万円を返すことを約束した（返還の合意）。

③ ＸとＹは①に際し、返済期限を同年8月31日と定めた（弁済期の合意）。

④ ①と②の約束は書面でなされた（書面の作成）。

⑤ ＸはＹに対し、①に基づき、100万円を交付した（目的物の交付）。

③ 2021年8月31日は到来した（弁済期の到来）。

3−3……Ｙの抗弁（弁済の抗弁）

本問おいてＹはＸの主張に対し、貸金返還請求権は弁済によって消滅していると主張している。

「借主は、返還の時期の定めの有無にかかわらず、いつでも返還をす

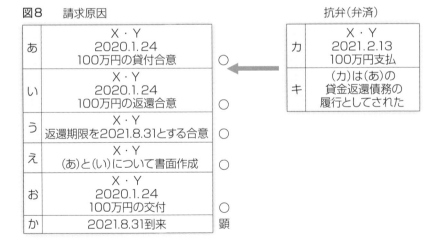

図8　請求原因　　　　　　　　　　　　　　　　抗弁（弁済）

あ	Ｘ・Ｙ 2020.1.24 100万円の貸付合意	○
い	Ｘ・Ｙ 2020.1.24 100万円の返還合意	○
う	Ｘ・Ｙ 返還期限を2021.8.31とする合意	○
え	Ｘ・Ｙ （あ）と（い）について書面作成	○
お	Ｘ・Ｙ 2020.1.24 100万円の交付	○
か	2021.8.31到来	顕

カ	Ｘ・Ｙ 2021.2.13 100万円支払
キ	（カ）は（あ）の 貸金返還債務の 履行としてされた

ることができる（民法591条2項）。そして、債務者が債権者に対し、債務の履行としての給付を行い、債務者がこれを受領する時は、債権は消滅する。そこで、Yは弁済に該当する具体的事実を主張・立証しなければならない[7]。

　この場合Yは①YはXに対し、2021年2月13日、100万円を支払ったこと、②①の弁済が本件消費貸借契約に基づくXの貸金債務の履行としてなされたことを主張立証すべきこととなる。一般的には、「Yは、Xに対し、本件消費貸借契約に基づく貸金債務の履行として100万円を支払った」等、①と②の要件を一括して表現される。

4 ＊ 所有権に基づく不動産明渡請求訴訟

【設例】

【Xの言い分】
　私は、2014年9月23日、甲土地を、所有者であるAから、代金2000万円で買い受け、現在所有しています。しかしながら、甲土地の隣で中古車販売業を営むYが、甲土地上に、勝手に販売用の中古車を置いて常時占有しています。もちろん、甲土地をYに売ったこともありません。
　このような勝手なことをされては困りますので、Yに明渡しを請求します。

【Yの言い分】
　私は、2015年4月10日、甲土地を所有者であるXから、代金2500万円で買い受けて占有しています。ですから、甲土地の所有者はXではなく私です。

7）最判昭和30・7・15民集9巻9号1058頁。

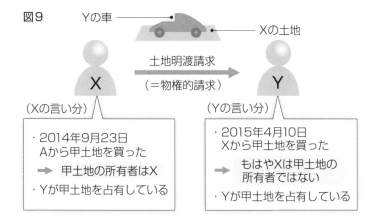

図9　Yの車 ────── Xの土地

土地明渡請求
（＝物権的請求）

X　　　　　　　　　　　　Y

（Xの言い分）　　　　　　　　　（Yの言い分）

・2014年9月23日
　Aから甲土地を買った
　➡ 甲土地の所有者はX
・Yが甲土地を占有している

・2015年4月10日
　Xから甲土地を買った
　➡ もはやXは甲土地の
　　所有者ではない
・Yが甲土地を占有している

4－1……訴訟物

（1）物権的請求権

　物権の円滑な状態が妨害され、または妨害されるおそれがある場合、物権の所有者は、妨害の排除または予防のために、一定の行為を請求することができる。これを物権的請求権という。

　通説によると、所有権に基づく物権的請求権は、占有訴権における①占有権における占有回収の訴え（民法200条）、②占有保持の訴え（同法198条）および③占有保全の訴え（同法199条）に対応して、①他人の占有によって物権が侵害されている場合の返還請求権、②他人の占有以外の方法によって物権が侵害されている場合の妨害排除請求権、③物権侵害のおそれがある場合の予防排除請求権の3類型に分類される[8]。

（2）本問の訴訟物

　本問で問題となる物権的請求権は、所有権から派生し、所有物に対する支配を他人が妨げまたは妨げるおそれのある場合に、妨害等の態様に応じて、その者に対し妨害等の除去を求める権利である。したがって、

8）我妻栄（有泉亨補訂）『新訂物権法』（岩波書店、1983年）21頁。

訴訟物は、権利の主体および相手方とその権利の内容（妨害等の態様に応じた物権的請求権の種類およびその具体的内容）によって特定されることとなる。

　本問でXはYの占有によって、所有権を侵害されているのであるから、Xが選択した物権的請求の相手方はYであり、その種類は返還請求権となる。したがって、本問の訴訟物は「（XのYに対する甲土地の）所有権に基づく返還請求権としての土地明渡請求権」となる。

4－2……請求原因事実

（1）所有権に基づく不動産明渡請求権の発生要件

　所有権に基づく返還請求権としての不動産明渡請求権の発生要件は、①Xがその不動産を所有していること（Xの所有）、②Yがその不動産を占有していること（Yの占有）である。

（2）Xの所有

㋐　Xの所有とは、現在（すなわち口頭弁論終結時において）不動産を所有していることを意味する。現在のXの所有を立証するのは困難であることから、Xは、過去のある時点におけるXの所有権取得原因を主張・立証することになる（一般的に「Xのもと所有」と表現される）。いったん取得した所有権は、喪失事由が発生しない限り現在も、その者に帰属していると扱われるからである。

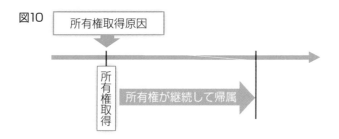

図10

所有権取得原因

所有権取得

所有権が継続して帰属

㋑　権利自白

　Xの所有権取得原因となる具体的事実であるが、現在もしくは過去の一定時点におけるXの占有またはその前主等の所有について権利自白が成立する場合には、Xは、Xまたはその前主等の権利取得原因となる具体的事実を主張・立証する必要はない[9]。

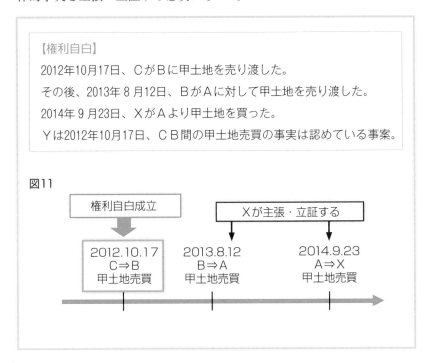

【権利自白】

2012年10月17日、CがBに甲土地を売り渡した。

その後、2013年8月12日、BがAに対して甲土地を売り渡した。

2014年9月23日、XがAより甲土地を買った。

Yは2012年10月17日、CB間の甲土地売買の事実は認めている事案。

図11

権利自白成立

Xが主張・立証する

2012.10.17
C⇒B
甲土地売買

2013.8.12
B⇒A
甲土地売買

2014.9.23
A⇒X
甲土地売買

㋒　本問へのあてはめ

　本問でYは「私は、2015年4月10日、甲土地を所有者であるXから、代金2500万円で買い受け」た、と主張する。このことから、Xの所有権について権利自白が成立する。

9）第1部第1章Ⅶ3（3）❶権利自白（29頁）参照。

（3） Yの占有

⑦　占有の時的要素

　XはYによる妨害状態として、Yが現在（口頭弁論終結時）において、当該不動産を占有していることを主張・立証しなければならない。物権的請求権は物権に対する妨害状態が存する限り、その物権から不断に発生するものであるという実体法的認識から、現在の占有についての主張・立証が必要であると考えられている。

④　占有の概念

　占有は事実概念であると考えられている。しかし、占有の要素である事実的支配、すなわち所持（民法180条）が物に対する物理的支配の有無によってではなく、社会概念に従って決定されることによってすでに相当観念化している上、民法は代理占有（同法181条）も認めていることから、占有の概念は極めて抽象度の高い概念となっている。

　このように占有の概念が観念化していることからすると、単に「占有している」と主張するだけでは、攻撃防御の目標としては不十分で、要件事実としての機能を果たすことはできない。

　したがって、Yの占有について当事者間に争いがない場合には、概括的抽象的事実としての「占有」について自白が成立したものとして、Yがその不動産を占有していると適示することで足りる。

　他方、Yの占有に争いがある場合には、単に「占有」と主張するだけでは攻撃防御の対象となり得ないから、Xとしては、少なくとも自己占有か代理占有か明らかにするため、自己占有のときは民法180条所定の所持の具体的事実を、代理占有のときは、同法181条所定の成立要件に該当する具体的事実を主張しなければならない。この具体的事実は主要事実である。

⑦　本問へのあてはめ

Yは、「甲土地を…Xから…買い受けて占有しています。」と主張して いることから、Yの占有を認めている。したがって、Y占有について当 事者間に争いはなく、Yの現在の占有について自白が成立しているもの と考えられるため、XはYの所持の内容までを具体的に適示する必要は ない。

4－3……Yの抗弁

（1）所有権喪失の抗弁

⑦　Yは、「甲土地を所有者であるXから……買い受けた」と主張する。 この主張は、過去の一定時点においてXが甲土地を占有していたことを 前提としつつ、その後、X以外の者（この場合Yである必要はない）が 所有権を取得することにより、Xが不動産の所有権を喪失するという実 体的効果が発生することから、抗弁として機能を有することになる。

④　所有権喪失の抗弁としての売買

　売主の所有する特定物の売買については、売買契約締結によって、原 則として買主への所有権移転の効力が生じる[10]。したがってYは、所有

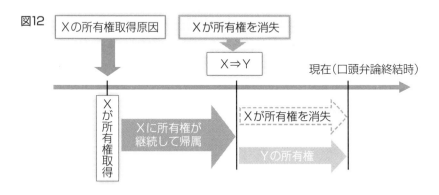

図12

| Xの所有権取得原因 | Xが所有権を消失 |

X⇒Y

現在（口頭弁論終結時）

Xが所有権取得

Xに所有権が継続して帰属

Xが所有権を消失

Yの所有権

10）最判昭和33・6・20民集12巻10号1585頁。

権喪失の抗弁としてＸとＹが甲土地の売買契約を締結したことのみを主張すれば足り、代金支払い等の事実を主張する必要はない（売買契約の成立については本章2-2（67頁）を参照）。

したがって、本件でＹは、「ＸはＹに対し、2015年4月10日、甲土地を代金2500万円で売った。」との事実を主張する。

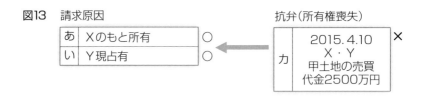

図13　請求原因

			抗弁（所有権喪失）
あ	Ｘのもと所有	○	
い	Ｙ現占有	○	

（カ）2015.4.10　Ｘ・Ｙ　甲土地の売買　代金2500万円　×

（2）対抗要件の抗弁

では、本件で、Ｙが次のような反論をしたらどうであろうか。

【Ｙの言い分】

　私は、2014年9月25日、甲土地を、所有者であるＡから、代金2200万円で買い受け占有するようになりました。ＸがＡからその主張の通り甲土地を買い受けたことは認めますが、私は、Ｘと対抗関係にたつ第三者の地位にあります。Ｘは自分が所有者であると言っていますが、Ｘが所有権移転登記をするまで、私はＸを所有者と認めるわけにはいきません。

（ア）　対抗要件の抗弁

民法177条は、不動産の物権の得喪は登記をしなければ第三者に対抗できない旨を定めている。本件でのＹの主張はこの規定による対抗要件の抗弁を主張するものである。

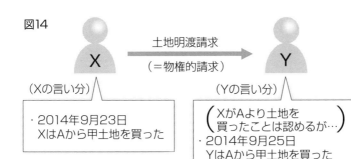

図14

土地明渡請求
（＝物権的請求）

X → Y

（Xの言い分）
・2014年9月23日
　XはAから甲土地を買った

（Yの言い分）
（XがAより土地を
　買ったことは認めるが…）
・2014年9月25日
　YはAから甲土地を買った
・登記するまでYの所有権は認めない

　まず、前提として、民法は物権変動に関し意思主義を採用し（民法176条）、登記は対抗要件とされている（同法177条）ことから、Xは請求原因事実として登記を具備したことを主張する必要はなく、Aのもと所有とAXの売買の事実を主張すれば、Xに所有権移転の効果が発生すると考えられる。

　そして、対抗要件は登記の欠缺を主張する正当な利益を有する第三者に対してのみその具備が要求されると解するのが判例・通説である[11]。

（イ）　対抗要件の抗弁の立証責任

　Yは抗弁として、対抗要件の欠缺を主張する正当な利益を有する第三者であることを基礎付ける事実を主張・立証し、かつ、対抗要件の有無を問題としてこれを争うとの権利主張をすることを要する。

　この場合、対抗要件の具備は、Xが対抗要件の抗弁に対する再反論として主張することとなる。

（ウ）　本問へのあてはめ

　そこでYは、「AはYに対し、2014年9月25日、甲土地を代金2200万円で売った」との事実、および「Xが所有権移転登記を具備するまで、

11）大判明治41・12・15民録14巻1276頁。

図15　請求原因

あ	Aのもと所有	○
い	2014.9.23 A・X 甲土地売買 代金2000万円	○
う	Yの占有	

抗弁（対抗要件－売買）

カ	2014.9.25 A・Y 甲土地売買 代金2200万円	○
	権利主張	

再抗弁

さ	X 対抗要件具備

Xの所有権を認めない」との権利主張を行う。

（3）対抗要件具備による所有権喪失

　では、本問で、Yが登記の具備まで主張した場合はどうか。

　土地が二重譲渡された事案では、所有権移転登記を具備した譲受人が確定的に所有権を取得する。本問では、Yは所有権移転登記を具備することによって確定的に所有権を取得する。そして、これによりXは甲土地の所有権を喪失する。このような抗弁を「対抗要件具備による所有権喪失の抗弁」とよぶこともある。

　この場合、Yは、AY間における甲土地の売買の事実およびYの所有権移転登記の具備の事実を主張・立証する。

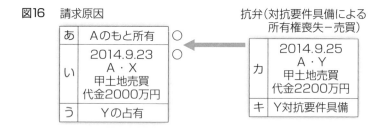

図16　請求原因

あ	Aのもと所有	○
い	2014.9.23 A・X 甲土地売買 代金2000万円	○
う	Yの占有	

**抗弁（対抗要件具備による
所有権喪失－売買）**

カ	2014.9.25 A・Y 甲土地売買 代金2200万円
キ	Y対抗要件具備

5 ＊賃貸借契約終了に基づく不動産明渡請求訴訟

【設例】

> 【Ⅹの言い分】
>
> 　私は2024年 6 月15日、Ｙの間で、私の所有するマンションの204号室（以下「本件建物」といいます）を、賃料月額 8 万円、賃料の支払方法翌月分前月末日までに前払い、賃貸期間 2 年間の約定で賃貸する旨の契約を締結し、本件建物をＹに引き渡しました。
>
> 　しかし、2025年 1 月分以降の賃料を支払わないので、私は、2025年 6 月20日到達の内容証明で、 1 週間以内に延滞賃料 6 カ月分を支払うように催告しました。しかし、その後もＹから賃料の支払いはありません。そこで、私は、同年 6 月30日、本件賃貸借契約を解除する旨の意思表示をし、建物を明け渡すよう申し入れましたが、これに応じてくれないので、建物の明渡しを請求します。

5－1……民法（債権法）改正による改正点について

　旧民法415条ただし書が、債務者に帰責性のない事由により履行不能となったときには、契約の解除ができない旨定めていたことから、債務不履行による解除一般についても債務者の帰責事由が必要であると考えられてきた。しかしながら、債務者の帰責性については、契約の解除は当事者を不当な契約の拘束力から解放する制度と位置づけるべきであり、履行を怠った債務者に対する制裁と位置づけて債務者の帰責性を要求することは適切でないとする有力的な見解があった。また、裁判実務としても、帰責事由が解除の成否において重要な機能をはたしていないとい

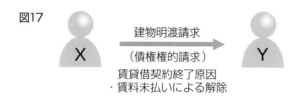

図17

建物明渡請求
（債権権的請求）
賃貸借契約終了原因
・賃料未払いによる解除

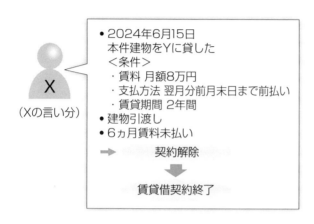

（Xの言い分）

- 2024年6月15日
  本件建物をYに貸した
  ＜条件＞
  ・賃料 月額8万円
  ・支払方法 翌月分前月末日まで前払い
  ・賃貸期間 2年間
- 建物引渡し
- 6ヵ月賃料未払い
  ➡ 契約解除
  ⬇
  賃貸借契約終了

う指摘もあったことから、今回の改正では、債権解除に債務者の帰責性は不要とされた。

　債務不履行や契約の解除に関する条文の構成は、民法改正により大幅に変化をしていることから、一度条文の構成を確認することをお勧めする。

5－2……訴訟物

　本問の訴訟物は「賃貸借契約終了に基づく目的物返還請求権としての建物明渡請求権」である。賃貸借契約の終了原因には、債務不履行による解除、期間満了、解約申入れなどがあるが、訴訟物は常に一つであり、

個々の終了原因は原告の攻撃防御方法にすぎない。

　なお、不動産の賃貸人がその不動産の所有者でもあり、所有権に基づく返還請求権としての明渡請求と賃貸借契約終了に基づく明渡請求権のいずれを訴訟物とすることも可能な場合が考えられる。この場合、いずれを訴訟物とするのかについては、原告が自由に選択できるが、賃貸借契約の終了に基づく明渡請求権を選択するのが一般的である。

5－3……請求原因

（1）賃貸借契約の終了に基づく明渡請求権の発生要件

　賃貸借契約の終了に基づく明渡請求権の発生要件は、①本件建物について賃貸借契約を締結したこと、②賃貸借契約に基づき建物を引き渡したことおよび③賃貸借契約が終了したことである。

（2）賃貸借契約の締結

　賃貸借契約について、民法601条は「賃貸借は、当事者の一方がある物の使用及び収益を相手方にさせることを約し、相手方がこれに対してその賃料を支払うこと及び引渡しを受けた物を契約が終了したときに返還することを約することによって」効果を生ずる旨規定している。このことから、賃貸借契約成立のために必要な要件は、目的物を一定期間使用・収益させることと、その対価として賃料を支払うこと、契約終了時に目的物を返還することについての合意である。

　本問では、2024年6月15日、ＸとＹは、①ＸがＹに本件建物を貸すこと、②ＹがＸに対し賃料として月額8万円支払うことの合意をしている。

（3）賃貸借契約に基づく引渡し

　次に、賃貸借契約に基づいて本件建物を引き渡したことも要件となる。これは、賃貸借契約は諾成契約であり、当事者の合意だけで成立するも

のの、賃貸借契約の目的物の返還を請求するには、XがYに対し契約に基づきその目的物を使用収益可能な状態に置いたことが前提になると考えられているからである。

（4）賃貸借契約の終了原因としての賃料不払いによる解除

㋐　賃貸借契約の終了

　賃貸借契約は、目的物を借主に使用収益させることを目的とする契約であり、契約が締結されることにより当事者は、契約に拘束される。その結果、契約の当事者である賃貸人は賃借人に対し目的物を使用収益させなければならず、目的物の返還を求めるには賃貸借契約を終了させる必要が生じる。すなわち、賃貸借契約においては、契約関係が終了したときに初めて、賃貸人は賃借人に対して目的物の返還を請求することができる。賃貸借契約の終了事由としては、契約期間の満了、契約解除などが考えられる。

㋑　賃料不払いによる解除の要件事実

　賃料の支払いは賃借人の最も重要な義務である。

　民法541条1項は「当事者の一方がその債務を履行しない場合において、相手方が相当の期間を定めてその履行の催告をし、その期間内に履行がないときは、相手方は、契約の解除をすることができる。」として、賃借人が一定期間賃料の支払いを怠った場合に、賃貸人による賃貸借契約の解除を認めている。この場合、文言上、賃借人が「債務を履行しない」ことが解除権の発生原因であり、解除の積極要件であるかのようにみえるが、賃貸人が債務の履行が無いことを証明するのは非常に困難であることから、主張・立証責任分配の基本原則である公平の観点等から、債務者に履行についての主張・立証責任があるとされる。

　したがって、Xが賃貸借契約の終了原因として主張すべき事実は、賃料不払いについて①その一定期間が経過したこと、②民法614条所定の

支払時期が経過したこと、③XがYに対しその一定期間分の賃料の支払いを催告したこと、④催告後相当期間が経過したこと、⑤XがYに対し、④経過後賃貸借契約を解除するとの意思表示をしたことである。

㋑　賃料前払特約

　賃料の支払時期についての民法614条の定めは任意規定であり、実際には、毎月末日に翌月分を支払うという賃料前払い特約が締結されることが多い。本問でも「賃料の支払方法翌月分前月末日までに前払い」との特約がなされている。この場合は①、②の要件に変えて、①′ XとYの間で賃料前払特約を締結したこと、および②′ この特約による支払時期が経過したことを主張・立証することになる。

㋒　本問へのあてはめ

　本問における賃貸借契約の終了原因は家賃不払いによる解除である。

　本件で、Xが主張すべき要件事実は、XとYは、2024年6月15日、賃料の支払方法を翌月分前月末日までに前払いとする合意をしたこと（①′の要件）、①の支払時期が経過したこと（②′の要件）、XはYに対

図18　請求原因

あ	2024.6.15 X・Y 賃貸借契約 賃料月額8万円
い	あ)に基づく引渡し
う	賃料前払特約締結
え	支払期限経過
お	催告
か	相当期間の経過
き	解除の意思表示

し2025年6月20日到達の書面にて、6カ月分の未払賃料の支払いを催告したこと（③の要件）、相当期間が経過したこと（④の要件）、XはYに対し、同年6月30日、本件賃貸借契約を解除する旨の意思表示をしたことである。

5-4……Yの反論

民法492条は「債務者は、弁済の提供の時から、債務を履行しないことによって生ずべき責任を免れる。」として、弁済の提供が債務者の債務不履行責任を免責させる効果を有することを明示している。

そこで、Yは、Xより賃料不払いによる解除が終了原因として主張されたときは、弁済の提供を抗弁として主張することができる。

また、賃料の不払いの債務不履行があっても、それが背信的行為と認めるに足りない特段の事情があるときには、契約を解除することができないので[12]、Yはこれを抗弁として主張することができる。

---

12) 最判昭和39・7・28民集18巻6号1220頁。

6 ＊動産引渡請求訴訟

【設例】

【Xの言い分】

　私は、Aから2015年9月28日、リンゴ社製のノートパソコンα（以下「α」といいます）を、代金10万円で買い、同日、Aから引渡しを受け、使用していました。Aは所有者では無いようですが、私は当時、Aを所有者と信じていました。

　αを購入した際、たしかに、私は、Yに対し、直接何の確認もしなかったです。しかし、αにはYの住所や名前、メールアドレスが書かれたシールは貼ってありませんでした。

　ところが、Yはαを勝手に持って行ってしまって返さないので、所有権に基づきαの返還を請求します。

【Yの言い分】

　XがAからαの引渡しを受けたことは知りません。αは、私がAに無償で貸していたものであり、もともと私の所有物ですから、私が持っていて当然です。

　そもそも、αが私の所有物であることをXは知っていました。仮にXが知らなかったとしても、αには私の住所と名前、メールアドレスの記載されたシールが貼ってありました。また、αには私の名前でアカウントを作っているので、Xが家でパソコンを使った際、画面に私の名前が表示されます。それにもかかわらず、Xは私に対して何の確認もしないのですから、Xには過失があります。

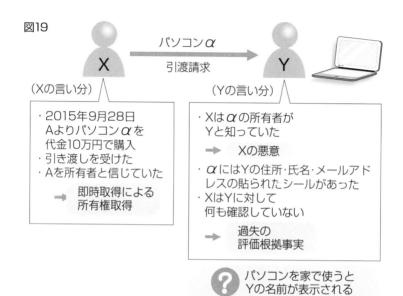

図19

（Xの言い分）

・2015年9月28日
 Aよりパソコンαを
 代金10万円で購入
・引き渡しを受けた
・Aを所有者と信じていた

 ➡ 即時取得による
   所有権取得

（Yの言い分）

・Xはαの所有者が
 Yと知っていた

 ➡ Xの悪意

・αにはYの住所・氏名・メールアド
 レスの貼られたシールがあった
・XはYに対して
 何も確認していない

 ➡ 過失の
   評価根拠事実

 ？ パソコンを家で使うと
   Yの名前が表示される

6－1……訴訟物

　本問で、Xは「所有権に基づきαの返還を請求します。」と主張して
いることから、Xは所有権に基づく物権的請求を訴訟物として選択して
いることとなる。この場合の訴訟物は、所有権に基づき土地明渡請求訴
訟と同様に考えることができる。本問でXは、Yが「αを勝手に持って
行き返さない」ことによって、Xの所有権が侵害されていると主張する。
したがって、この場合の訴訟物は、所有権に基づく返還請求としての動
産引渡請求権となる。

（1）所有権に基づく動産引渡請求権の発生要件

　所有権に基づく動産の引渡請求権の発生要件は、所有権に基づく土地明渡請求訴訟と同様に考えることができる。すなわち、この場合の要件は①Ｘがその動産を所有していること（Ｘの所有）②相手方がその動産を占有していること（Ｙの占有）となる。

（2）Ｘの所有

⑦　即時取得の要件事実

（ア）動産については、即時取得の制度が認められており、（民法192条）動産を即時取得した者は、その動産の所有権を原始取得する。

　本問でＸはＡから a を買い引渡しを受けたとし、さらに「Ａは所有者では無いようですが、私は当時、Ａを所有者と信じていました。」と主張していることから、Ｘは所有権の取得原因として、Ａから a を買い受けた際、a を即時取得したと主張しているものと理解することができる。

（イ）そこでまず、即時取得の条文上の要件を確認する。

　民法192条は「取引行為によって、平穏に、かつ、公然と動産の占有を始めた者は、善意であり、かつ、過失がないときは、即時にその動産について行使する権利を取得する」と規定する。

　このことから、即時取得の法律要件は①前主との取引行為、②①に基づく動産の占有の取得、③②の占有が平穏な取得であること、④②の占有が公然な取得であること、⑤取得者が善意であること、⑥取得者が無過失であることとなる。さらに条文上明示はされていないものの、即時取得が、前主が動産を占有していることにより、これを真の権利者と信頼したその取引の相手方を保護する制度であると解されていることから、⑦前主の占有も即時取得の要件と解されている。

（ウ）しかしながら、民法186条１項が「占有者は、所有の意思をもって、

善意で、平穏に、かつ公然と占有するものと推定する」と規定していることから、Yは平穏（③の要件）、公然（④の要件）、善意（⑤の要件）を主張・立証する必要はない。これは、主張・立証の転換をはかるいわゆる暫定真実[13]を規定するものと解される。

　また、民法188条が「占有者が占有物について行使する権利は、適法に有するものと推定する」と規定していることから、処分権があると称して取引をする動産占有者は、その処分権があるものと推定される（これを「法律上の推定」という）。そのため、動産の占有取得者は、前占有者に所有権があると信じることについて過失がないと推定されることになる[14]。したがって、即時取得を主張する者は、取得者の無過失（⑥の要件）を主張する必要はなく、相手方が占有取得者に過失があることを主張・立証すべきこととなる。

　さらに①基づく動産の占有の取得（②の要件）の中には、前主の占有（⑦の要件）の内容も含まれていることから、改めて前主の占有を検討する必要はないものと解される。

（エ）以上のことから即時取得の要件事実は①前主との取引行為、②①に基づく動産の占有取得となる。

（オ）なお、占有取得（②の要件）については、現実の引渡し（民法182条1項）、簡易の引渡し（同法182条2項）のほか、指図による占有移転（同法184条）の方法によって行うことも可能であるが、占有改定（同法183条）の方法によることはできない[15]。本問では、現実の引渡しを受けているので、この点は問題にはならない。

　🅐　本問へのあてはめ

　以上のことから、本問でXは「Xが平成27年9月28日、Aよりαを代金10万円で買った」こと（①の要件）、および「同日、XはYより、上記契約に基づき、αの引渡しを受けた」こと（②の要件）を主張・立証

13）暫定真実　暫定真実とは、条文の表現上はある法律の発生効果に様に見えるものであっても、その不存在が法律要件の発生障害要件となることを示す一つの立証技術であり、ただし書きに読み替えることができるものをいう（司法研修所『新問題研究要件事実』100頁）。

14）最判昭和41・6・9民集20巻5号1011頁。

15）最判昭和32・12・27民集11巻14号2485頁、最判昭和35・2・11民集14巻2号168頁。

する。

（3）Yの占有

占有の概念および占有の時的要素については、土地明渡請求訴訟の場合に論じたのと同様である[16]。

本問でXは「Yはaを勝手に持って行ってしまって返さない」と主張しているのに対し、Yは「私が持っていて当然」と反論し、自らがaを占有していることを認めているので、Yの占有の態様を具体的に適示する必要はない。

6-3……Yの抗弁

前述の様に、即時取得を主張する者は、取得者の無過失（⑥の要件）を主張する必要はなく、相手方が占有取得者に過失があることを主張・立証すべきこととなる。

本問でも、YはXの悪意および過失を主張する。

（1）悪意の抗弁

㋐　即時取得における善意

即時取得において善意とは、「動産の占有を始めた者において、取引の相手方がその動産につき権利者であることを誤信したことをいう」とされている[17]。したがって、ここにいう悪意とは、前主が権利者でないことを知っていたことまたは権利者であることを疑っていたことと考えられる。

一般の悪意と即時取得の悪意は、範囲が異なるので、注意が必要である。

また、悪意は占有を取得した時点のものでなくてはならず、仮に占有を取得した後の悪意を主張・立証したとしても即時取得の効果は否定される。

16) 本章 4 4-2（3）Yの所有（82頁）参照。
17) 最判昭和26・11・27民集 5 巻13号775頁。

図20 過失における善意・悪意

権利者であると 信じていた （即時取得の善意）	権利者であることを 疑っていた。 （半信半疑を含む）	無権利者であることを 知っていた （一般の悪意）
無権利者であることを知らなかった （一般の善意）		

イ　本問へのあてはめ

本問ではYは「αが私の所有物であることをXは知っていました」と主張していることから、Xはαの引渡しを受けた当時、Aが所有者でないことを知っていた」ことを主張・立証する。

（2）過失の抗弁

ア　規範的要件の要件事実

「過失」のような規範的な評価に関する抽象的概念が法律要件となっている規範的要件については、それを評価付ける具体的事実（これを「評価根拠事実」という）が要件事実となる。

この場合、評価根拠事実についても弁論主義が適用されることから、当事者が主張しない限り、裁判所がこれを判断評価の対象とすることができない。したがって、当事者の証言や陳述書等の証拠に過失の評価根拠事実が顕出されていたとしても、当事者が主張していなければ、裁判所はかかる事実を認定できない点に注意が必要である。

なお、事実適示には通常法律上の主張は記載しないが、評価根拠事実を記載する場合は、「過失の評価根拠事実」などと記載すると、それらの事実がいかなる要件の規範的評価を基礎付ける事実かわかりやすくなることから、表題を付すのが一般的である。

イ　即時取得における無過失の意義

即時取得における無過失とは、「動産の占有を始めた者において、取

図21

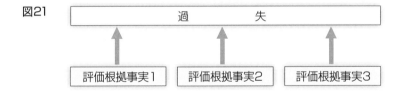

引の相手方がその動産の権利者であると信じるにつき過失がなかったこと」をいう[18]。したがって、Xとしては、Aが権利者出ることを信じたことにつきYに過失があると評価するに足りる事実を主張・立証する。

過失の有無は、前主の処分権限について、取得者に疑念が生じる事由が存在するか（不審事由の存在）、その疑念があるときはその疑念を解決するためにどのような措置を講ずべきであったか（調査確認義務の存在と内容）、取得者がその措置を講じたかどうか（調査確認義務の怠慢）にかかる。

㋒　過失の基準時

この場合の過失の有無の判断も、占有取得時、すなわちXが a の引渡しを受けた時点を基準に行う。したがって、Xが引渡しを受けた後の事実を主張しても意味がない。本問でYは「a には私の名前でアカウントを作っているので、Xが家でパソコンを使った際、画面に私の名前が表示されます」と主張しているが、これは、パソコンの引渡しを受けた後の事情なので本問では意味のない事情となる。

㋓　本問にける過失の評価根拠事実

本問でYは「a には私の住所と名前、メールアドレスの記載されたシールが貼ってありました。」「それにもかかわらず、Xは私に対して何の確認もしない」と主張している。

a にYの住所と名前、メールアドレスの記載されたシールが貼られて

18）最判昭和26・11・27民集 5 巻13号775頁。

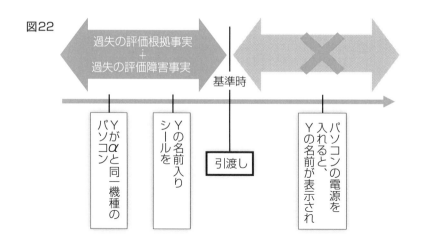

図22

過失の評価根拠事実
+
過失の評価障害事実

基準時

Ｘ

Ｙがαと同一機種のパソコン

Ｙの名前入りシールを

引渡し

パソコンの電源を入れると、Ｙの名前が表示され

いたのであれば、Ｘはαに対するＡの所有権について疑念を生じさせることとなる（不審事由の存在）。したがって、Ｘはその疑念を解消させるべく、シール記載の住所やメールアドレスに連絡するなどして、Ｙに問合せをする等の調査確認を行う義務が発生する（調査確認義務の存在と内容）。それにもかかわらず、Ｙに何ら問合せをしていないとの事実は、Ｘが前記の調査確認義務を尽くしていないこと（調査確認義務の懈怠）を意味する。

　したがって、本問でＹは過失の評価根拠事実として、①ＡがＸに対しαを引き渡した当時、αにはＹの住所、氏名、メールアドレスの記載されたシールが貼ってあったこと、②ＸはＹに対し、αの引渡しに際し、αの所有者について何の確認もしなかったことを主張・立証する。

6-4……Ｘの再抗弁
　本問でＹは、「αにはＹの住所や名前、メールアドレスが書かれたシ

ールは貼ってありませんでした。」として、①ＡがＸに対し a を引き渡した当時、a にはＹの住所、氏名、メールアドレスの記載されたシールが貼ってあったとの過失の評価根拠事実を否認している。

したがって、本問ではＸの再抗弁はない。

もっとも、Ｙの過失の抗弁に対し、Ｘは再抗弁として過失の評価障害事実主張することができる。この場合Ｘは、過失の評価障害事実として、不審事由の不存在、調査確認義務の不存在、Ｘが調査確認義務を尽くしたこと等を根拠付ける具体的事実を主張することとなる。

図23

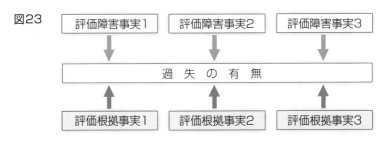

図24　請求原因

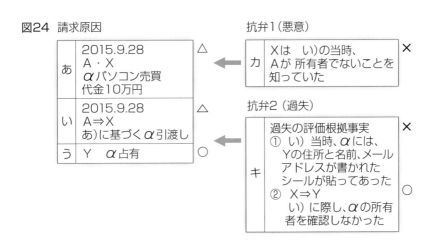

第2部

行政訴訟編

第1章　総　論

野村　創

Ⅰ ＊ 本書の対象

　行政事件訴訟とは、行政事件訴訟法に定められた各訴訟形態すべてを含む法律用語である（行訴法1条）。行政事件訴訟の形態としては、抗告訴訟、当事者訴訟、民衆訴訟および機関訴訟の4形態がある（同法2条）。本書では、行政不服審査法に基づく不服申立て（以下「不服申立て」という）に密接に関連し、特定行政書士が不服申立事件の処理において検討することが多い抗告訴訟[1]を主に対象として、以後の説明を進める。

　本書は、まず総論において抗告訴訟一般における訴訟物および要件事実の考え方を説明し、各論で抗告訴訟の各訴訟形態における要件事実等を詳論する構成となっている（図1）。

Ⅱ ＊ 行政事件訴訟法における要件事実論の意義

1……行政事件訴訟と民事訴訟の相違

　行政事件訴訟も民事訴訟の一形態であり（行訴法7条）、当然、訴訟物およびこれに対する主要事実（要件事実）やその分配（主張・立証責任）も民事訴訟と同様に観念できるものである。

　しかしながら、民事訴訟においては、精緻な要件事実論が構築され、要件事実が強く意識されているが、行政事件訴訟の実務においては、民

---

[1] 主として、申請拒否処分に対する処分取消しの訴え、裁決に違法がある場合の裁決取消しの訴え、申請を放置された場合の不作為違法確認の訴え。

図1

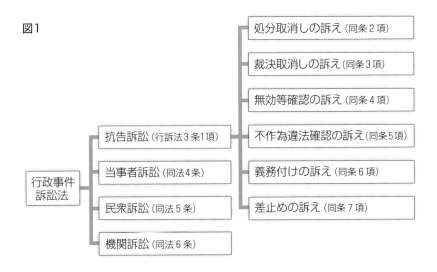

処分取消しの訴え（同条2項）

裁決取消しの訴え（同条3項）

無効等確認の訴え（同条4項）

不作為違法確認の訴え（同条5項）

義務付けの訴え（同条6項）

差止めの訴え（同条7項）

行政事件訴訟法

抗告訴訟（行訴法3条1項）

当事者訴訟（同法4条）

民衆訴訟（同法5条）

機関訴訟（同法6条）

図2

私　法

解決ルール（裁判規範）

貸した金払え

権利・義務の関係

もう返した

A

B

事訴訟ほどには要件事実は意識されていない。

　その第1の理由としては、私法的領域と公法的領域[2]の法システムの違いがあげられよう。

　私法的領域は、横の関係である。それは、対等な当事者間の合意（契

2）公法関係、私法関係との書き方もできようが、著者は公法私法二元論を採らないため、誤解を生まないよう私法的領域、公法的領域との用語を使う。公法私法二元論に対する解説として、原田尚彦『行政法要論（全訂第7版補訂2版）』（学陽書房、2012年、以下「原田・行政法」という）24頁。

約）を基本とする権利義務の関係である。そして、そもそも私法（民法等）は当事者間で紛争が生じた場合の解決ルール（裁判規範）として成立してきた。

　たとえば、AさんがBさんに対し、「100万円支払え」と請求したとする。この請求が紛争解決機関である裁判所に認められるためには、当然に法的な根拠が必要となる。この請求が「貸したお金を返して欲しい」ということであれば、（金銭）消費貸借に基づく目的物（ここではお金）返還請求権ということになり、これが訴訟物である。その成立要件は、民法587条等に定められているので、Aさんはその要件にあてはまる事実を主張・立証する。これが請求原因である。この（金銭）消費貸借の成立によって発生する「金払え」という権利（目的物返還請求権）に対し、民法は、これを消滅させることができる規定を用意している。たとえば、「もう支払った」（弁済：民法473条以下）、「Aさんは払わなくて良いといった」（免除：民法519条）等である。もしBさんにこのような権利を消滅させる規定に該当する事実があるならば、それを主張・立証することができる。これが抗弁である。その立証に成功すれば、権利を消滅させることができ、BさんはAさんに100万円を支払う必要はなくなる。

　このように、私法的領域では、法そのものが、権利の発生要件、その消滅要件のような形で構成されており、要件事実の内容およびその分配（主張・立証責任）が明瞭である[3]。

　一方、公法的領域は、縦の関係である。それは、講学上の下命[4]（違法建築に対する除却命令[5]）が典型であるように、優越的地位を有する公権力の私人に対する一方的な命令を本質とするものであって、法律による行政の原則の下、公法は、公権力に対する抑止手段（行為規範）として成立してきた[6]。

　したがって、私法のように、権利根拠規定、権利障害規定等として明

　3）法律要件分類説による。本章Ⅳ 2（2）（132頁）参照。
　4）宇賀克也『行政法概説Ⅰ（第6版）』（有斐閣、2017年、以下「宇賀・行政法Ⅰ」という）103頁。
　5）建築基準法9条1項。
　6）原田・行政法79頁。

図3

公権力 → 私人（優越的地位の行使）

公法 → 抑止

確に規定されておらず、裁量の幅の広いものや、評価的要素の入る規範的な規定が多い。

　たとえば、墓地、埋葬に関する法律（以下「墓埋法」という）10条1項は、

　「墓地、納骨堂又は火葬場を経営しようとする者は、都道府県知事の許可を受けなければならない。」

　と規定する。この規定からは、墓地経営を行うためには許可が必要なことは判明するが、どのような場合（成立要件）に許可がなされるのか、許可されない場合（阻害要件）は何か、そもそも許可申請者には許可を受け得る権利があるのかどうか、皆目わからない[7]。

　そのため、要件事実の内容およびその分配（主張・立証責任）が法令の規定のみでは不明瞭で判断が容易ではなく、民事訴訟と比較して、精緻に要件事実を理論構成することが難しいということがあげられる。

　第2の理由として、行政事件訴訟では、事実認定が争点とならないことが多いことがあげられる（**図4**）。

　前述の通り民事訴訟は、私人間の紛争であり、極論すれば素人間の紛争である。したがって、要件事実を立証するための証拠収集が十分なされていないことが多く、要件事実に対し、証拠があるかないか、証明力があるかないかという事実認定が主たる争点となる。

7）いわゆる地方一括分権法により、墓地等経営許可に関する事務は、自治事務（地方自治法2条8項）とされ、実際には、条例が制定されていれば、当該条例で許可基準等が規定される例が多い。

図4

Ｋｇ（klagegrund）＝請求原因　　Ｅ（einrade）＝抗弁

● 民事訴訟

　　Ｋｇ（金銭消費貸借の成立）

あ	金銭返還の合意……………………○	認める
い	金銭の交付……………………………×	否認
う	弁済期の合意………………………○	認める
え	弁済期の到来………………………○	顕著な事実

「い」の要件事実である金銭の交付が立証できるかできないかが争点。できなければ原告の請求棄却。

● 行政事件訴訟

　　Ｅ（不利益処分（営業許可取消）の適法性）

ア　欠格事由に該当したこと…………	×否認

被告は、欠格事由該当性を立証する必要があるが、そもそも被告は、欠格事由に関する資料を前提に、該当するとの事実認定ができたため不利益処分を行ったものであり、立証は容易。

　一方、行政事件訴訟の被告は、専門家ともいえる国・地方公共団体等の行政主体である[8]。一定の処分をなすにあたり、事前に十分に証拠を収集し、事実認定を行っているのであって、事実の存否が争点となることは少なく、法律論が主たる争点となることが多い。したがって、事実関係が真偽不明の場合に原告と被告のどちらに不利益を課すかという主張立証責任の適用があまり問題とならない点があげられる。

8）行訴法11条。

2……行政事件訴訟における要件事実論の重要性

　既述したように、行政事件訴訟では、民事訴訟に比べて要件事実論はあまり意識されてはいない。しかし、このことは、行政事件訴訟における要件事実論が不要であることを意味するものではない。むしろ以下の点において、要件事実論は極めて有益な道具（ツール）である。

　まず、事件＝生の事実から訴訟物を検討することにより審判の対象が明確になり、どのような訴訟形態が紛争解決に最も適合するかの判断の手がかりとなる。

　たとえば、営業許可取消処分がなされた場合で、審査請求を行い、その棄却裁決が出ていたとする。原処分主義[9]の適用があるとして、訴訟物（第1部第1章10頁参照）とそれに対応する訴訟形態を考える。

図5

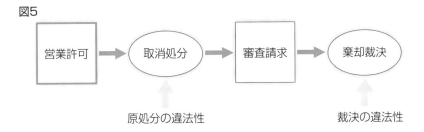

　上図の通り、
　A　取消処分の違法性一般＝処分取消しの訴え
　B　裁決の違法性一般　　＝裁決取消しの訴え
の2個の訴訟物と訴訟形態が考えられ、原処分の違法性のみを争い処分取消しの訴えを提起するか、裁決固有の違法性のみを争い裁決取消しの訴えを提起するか、あるいは、訴訟物が2個であり、それらが関連請求（行訴法13条3号、4号）となることから、両者を併合して（同法16条1項）提訴するか、その判断の整理に資することになる。

9）行訴法10条2項。処分取消しの訴えと裁決取消しの訴えを両方提起できる場合、裁決取消しの訴えでは、原処分の違法を理由にその取消しを求めることはできない。

図6

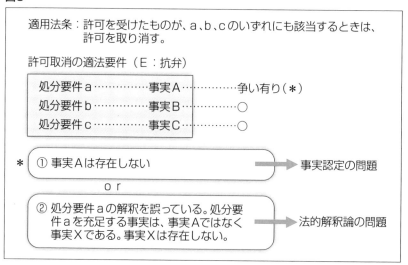

次に、事件の争点の把握ならびに立証すべき事項およびその方法の把握が容易になる点があげられる。

たとえば、**図5**の営業許可取消処分に対し、処分取消しの訴えを提起した場合、請求原因として最低限原告が主張すべきことは、許可取消処分が違法であるとの概括的主張で足りると解される（本章131頁参照）。

仮に、営業許可取消処分の実定法上の根拠法条が、処分要件a、処分要件b、処分要件cのすべてに該当した場合に許可を取り消すと規定されているとすると、被告は、抗弁として、処分要件a、処分要件b、処分要件cを充足する事実であるA、B、Cすべてを主張立証する必要がある。一方、原告は、被告の抗弁に対し、すべての事実（A、B、C）を争う必要はなく、そのうちの一つだけも否定されれば、許可取消処分は、処分要件を充足しない＝被告は、適法性の主張立証に失敗＝許可取

消処分は違法となり、勝訴することができる。仮に処分要件 a が問題となる場合は、訴訟の実質的争点は、処分要件 a にまつわるものに限定される（**図 6** の①と②）。仮に争点の具体的内容が処分要件 a に対応するＡ事実が存在しないということであれば（**図 6** の①）、Ａ事実に関する事実認定が争点となり、被告は、Ａ事実の存在の立証活動に、原告は、その反証活動に注力することとなる。仮に争点の具体的内容が、処分要件Ａ事実の存在は争いないが、処分要件 a の解釈が誤っているということであれば（**図 6** の②）、処分要件 a に関する法律論が争点となり、原告と被告は、各自の法的解釈論が正当であることの主張に注力することになる。

このように、要件事実論は、訴訟の組み立てや訴訟戦術を考えるにあたって有効に利用できるとともに、法的思考の基軸となるものであり、行政事件訴訟においても極めて重要である。行政不服審査法の2014（平成26）年改正により、対審的構造が取り入れられた[10]審査請求においても、上記と同様である。

Ⅲ ＊ 抗告訴訟の訴訟物（Streitgegenstand）

1……序 論

民事訴訟は、給付訴訟、確認訴訟および形成訴訟の３種類に分類され、訴訟物の内容もこの類型に応じて異なるものと考えられている。

ここで、各類型につき簡単に説明する。

行政事件訴訟（抗告訴訟）も民事訴訟の一形態であり、抗告訴訟の各形態も上記３個の類型のいずれかに分類されると解されている[11]。したがって、抗告訴訟の訴訟物を考えるにあたっても、抗告訴訟の各訴訟形態がいずれの類型に該当するかを検討の上、訴訟物の内容を考える必要

---

10) 審理員制度（行審法 9 条）、弁明書の提出義務（同法29条 2 項）、口頭意見陳述（同法31条）および行政不服審査会等（同法43条、67条）等。
11) 西川知一郎『行政関係訴訟』（青林書院、2009年、以下「西川・行政訴訟」という）108頁。

図7

給付訴訟	金銭の支払い、物の給付、債務者の行為を求める訴訟。 例：貸金返還請求訴訟、建物収去土地明渡訴訟等
確認訴訟	特定の権利・法律関係の存在・不存在の確認を求める訴訟 例：所有権確認訴訟、債務不存在確認訴訟等
形成訴訟	実定法の定める一定の形成要件の存在を主張し、 従来の権利関係の変動を求める訴訟 例：離婚訴訟等 （民法770条に定められた離婚原因を主張して、 　婚姻関係の解消という権利関係の変動を求める。）

がある。

2……処分取消しの訴え

（1）三類型該当性

　処分取消しの訴えは、形成訴訟であると解される[12]。

　一般に、行政行為（行政処分）には公定力（取消訴訟の排他的管轄）があり、そのため、処分に瑕疵（違法事由）がある場合でもその瑕疵が重大かつ明白なものではない場合あるいは取消権限ある者が取り消すまでは、処分は一応有効であるとされる[13]。

　そうすると、処分取消しの訴えというものは、一応有効とされている権利関係（公定力）を処分の違法という形成原因を主張することによって覆滅（取消し）させ無効とし、権利関係を変動（公定力排除）することを目的とする形成訴訟であると位置付けられる。

12）南博方編『条解行政事件訴訟法（第4版）』（弘文堂、2014年、以下「条解」という）40頁。
13）公定力の法的根拠に関して、それは行政行為にアプリオリに認められた実定法上の効力ではなく、行政事件訴訟法が処分取消しの訴えという民事訴訟法の特則を規定したことの反射的効果として認められる手続法的効力と捉える見方が通説である（宇賀・行政法 I 331頁、条解41頁）。その意味で、「取消訴訟の排他的管轄」と呼称した方が実体に即しているいるが、「公

図8

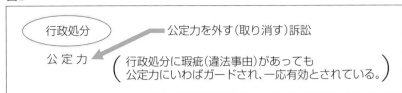

（2）処分取消しの訴えの訴訟物

　一般に、形成訴訟の訴訟物は、実体法上列挙された個々の形成要件（形成原因）であると解されている。

　たとえば、**図7**に例にあげた離婚訴訟では、離婚原因（形成要件）は、民法770条1項各号で法定されており、不貞（同項1号）を離婚原因（形成要件）とする離婚訴訟であれば、その訴訟物は、不貞を形成原因とする離婚権ということになろう[14]。

　このように民事訴訟においては、形成要件が実定法上列挙され形成要件の理解は比較的明瞭である。

　一方、処分取消しの訴えが形成訴訟にあたると解しても、離婚訴訟のように形成要件（取消原因）が実定法上明確に規定されていない。より具体的にいえば、「訴訟の対象となる処分について、○○の場合は（違法であり）、取消しを裁判所に請求する事ができる。」という実定法上の規定が存在しない。

　そうすると、処分取消しの訴えの本質が公定力の排除にあり、当該処分が違法な場合に公定力が排除されるという理解からすれば、処分取消しの訴えの訴訟物は、当該処分の違法そのものが形成要件となると考えられ、通説・判例は、「行政処分の違法一般」が訴訟物になると解している[15]。

定力」の語が定着しているため、それを用いる。
14) 仮に、離婚原因として、不貞と悪意の遺棄とを主張する場合、訴訟物は、不貞を形成原因とする離婚権と悪意の遺棄を形成原因とする離婚権の2個である。
15) 司法研修所編『改訂行政事件訴訟の一般的問題に関する実務研究』（法曹会、2002年、以下「司研・実務研究」という）141頁。

図9 ● 民法770条1項（要約）

夫婦の一方は、次に掲げる場合に限り、離婚の訴えを提起することができる。

> 1号 …… 不貞行為
>
> 2号 …… 悪意の遺棄
>
> 3号 …… 生死3年以上不明
>
> 4号 …… 重度の精神病で回復見込みなし
>
> 5号 …… 婚姻を継続しがたい重大な事由

＊各号毎に訴訟物を異にする。

（3）訴訟物の内容

　処分取消しの訴えの訴訟物が行政処分の違法一般と解してもその内容は未だ曖昧模糊として一義的に明確ではない。

　法律による行政の原理の下、行政処分は、法律（法規）が定めた処分要件に合致する場合に発動される形式をとる。

　処分が違法であると評価されるのは、この根拠法規の処分要件が充足されていないにもかかわらず処分が行われたことに他ならず、処分の違法とは、根拠法規に定められた処分要件の不充足を意味する。

　たとえば、営業許可取消処分の要件として、根拠法規に、「刑罰に処せられたこと」が規定されていた場合、刑罰に処せられた事実が存在することは、営業許可取消処分の適法要件である。逆にいえば、刑罰に処せられた事実が存在しないにもかかわらず、これを理由に営業許可を取消した場合、処分の適法要件を充足せず、違法となる。

　図10の具体例は、説明のための便宜的なものに過ぎず、実際には、処分の根拠法規の規定の仕方や、処分の性質により、処分取消しの訴えの

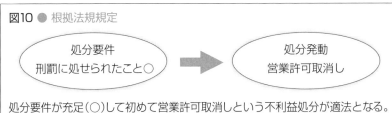

図10 ● 根拠法規規定

処分要件
刑罰に処せられたこと○

処分発動
営業許可取消し

処分要件が充足（○）して初めて営業許可取消しという不利益処分が適法となる。
不充足（×）であれば、適法要件を満たさない＝違法である。

訴訟物である行政処分の違法一般がどのような意味を有するかは異なっ
てくる。

　司研・実務研究143頁以下は、行政実定法規における処分要件の定め
方として、以下の2通りに大別できるとする。

　第1類型の処分……複数の処分要件の<u>すべて</u>が充足されると処分が発
動される類型

　第2分類の処分……複数の処分要件の<u>うち一つ</u>が充足されると処分が
発動される類型

　以下、司研・実務研究に従い、それぞれの類型につき、訴訟物である
行政処分の違法一般がどのような意味を有するか考察する。

（4）第1類型の処分

　すべての処分要件が充足されて処分が発動できる類型であって、許認
可処分の大半を占める。

　たとえば、**図11**の通り、廃棄物及び清掃に関する法律（以下「廃掃
法」という）に基づく一般廃棄物処理施設設置許可では、同法8条の2
第1項の各号に定める要件をすべて充足しなければ許可できない定めと
なっている。

　この類型の処分が、処分取消しの訴えで争われる場合、被告サイド

図11 ● 廃掃法（要約）

（一般廃棄物処理施設の許可）
第8条　　　一般廃棄物処理施設を設置しようとする者は、
　　　　　　都道府県知事の許可を受けなければならない。

（許可の基準等）
第8条の2　都道府県知事は、前条第1項の許可の申請が
　　　　　　次の各号のいずれにも適合していると認めるときでなければ、
　　　　　　前項の許可をしてはならない。

> 1 …… 施設計画が技術上の基準に適合していること。
>
> 2 …… 周辺地域の生活環境の保全等がなされたものであること。
>
> 3 …… 施設の設置及び維持管理を行う能力を有すること。
>
> 4 …… 欠格事由に該当しないこと。

（都道府県知事）が勝訴するためには、処分が適法であることの主張とその立証に成功することが必要である。**図11**の一般廃棄物処理施設許可に即していえば、処分要件のすべてが充足されて初めて当該許可は適法となることから、被告は、廃掃法8条の2第1項の1号から4号すべての要件が充足されていることを主張し、立証に成功する必要がある（**図12のA**がそのことを示す）。

　一方、原告（周辺住民）が勝訴するためには、当該処分が違法であればよい。当該処分が違法であるとは、処分要件を充足しない場合であるが、この類型では、処分要件すべてがそろって初めて適法になるのであるから、裏を返せば（**図12のB**）、処分要件の一つでも充足されていなければ、当該処分は違法となる。**図11**に即していえば、廃掃法8条の2第1項の1号から4号のいずれかの処分要件の一つでも充足されなければ、適法要件がそろわず、当該処分は違法となって、処分の取消を求め

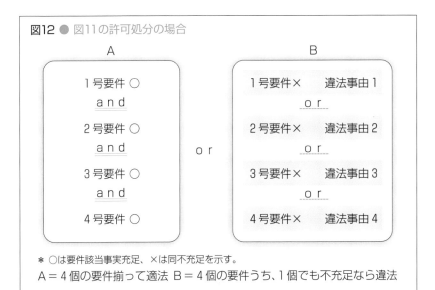

図12 ● 図11の許可処分の場合

A

1号要件 ○
and
2号要件 ○
and
3号要件 ○
and
4号要件 ○

or

B

1号要件× 　違法事由1
or
2号要件× 　違法事由2
or
3号要件× 　違法事由3
or
4号要件× 　違法事由4

* ○は要件該当事実充足、×は同不充足を示す。
A＝4個の要件揃って適法　B＝4個の要件うち、1個でも不充足なら違法

る原告が勝訴する。

　上記の論理的な関係を**図12**に示す[16]。その説明は以下の通りである。

　一般廃棄物処理施設設置許可処分が取り消させるべきものかどうか？＝処分は適法か？違法か？　が審判の対象である。Aの裏を返したものがBであり、AまたはBを線で囲った部分が審判の対象となる。

　裁判所としては、Bの線枠内の違法事由1から違法事由4のいずれか1個でも認定できれば、他の違法事由がどうであれ、Bの線で囲った部分全体＝処分が違法であること、を認定でき、原告勝訴・被告敗訴の判断を下せる。たとえば、技術上の基準への適合性（違法事由1）が主たる争点となり、その結果、技術上の基準を満たしている（違法事由1が認められない）との結論に達したとしても、欠格事由がある（違法事由4が存在する）との認定がされれば、許可要件を満たさないのであるか

16）司研・実務研究145頁の表をもとにしている。

ら、一般廃棄物処理施設設置許可は、違法であるとの結論に達する。

　この類型では、ブルーの網かけ部分の個々の違法事由1から違法事由4は、それ自体が訴訟物となるのではなく、訴訟物を構成する要素であり、個々の違法事由とは区別された、線で囲った枠自体が訴訟物となる。これが処分の違法一般と表現されるものである[17]。

　第1類型の処分にあっては、個々の違法事由の集合体（違法一般としか表現しようがない）が訴訟物となり、それを構成する個々の違法事由のうち、一つでも認められれば、いわば枠全体が違法となる。したがって、原告が提訴する際の訴訟物の特定としては、具体的な個々の違法事由を訴状に記載する必要はなく、行政処分を特定し、それが違法である（**図12**の線枠Bを構成する違法事由のいずれかが存在することを意味する）と記載すれば足りる。

　なお、上記の趣旨は、訴訟物の特定においては、処分が違法であるとの記載で足りるというものである。実際の訴訟においては、被告に適法要件すべての充足につき主張立証を求めるのは非現実的であり、また、紛争の実情にもそぐわない。原告は、処分に具体的な違法事由が存在すると考えているからこそ、争っているのであり、何の理由もなく、抽象的に処分が違法だと考えているわけではない。したがって、実際の運用においては、原告は、訴状に具体的な違法事由の存在、つまり処分が違法だと考える理由を記載し、これに対し、被告が違法事由の不存在＝適法事由の存在を主張立証し、原告がこれにさらに反論するという形で進められるか、あるいは、原告が具体的な違法事由を主張していない場合、裁判所の釈明により、争点とする違法事由を明示させ争点化させて進められている（後述）。

（5）第2類型の処分

　複数の処分要件のうち、一つでも充足されれば処分が発動できる類型

17）司研・実務研究146頁。

であって、申請に対する許認可等の拒否処分（不許可処分）や許認可等の取消処分等の不利益処分は、この類型となることが多い[18]。

　たとえば、**図11**の通り、廃掃法に基づく一般廃棄物処理施設設置許可において、許可処分（積極処分）は、同法8条の2第1項の各号に定める要件をすべて充足しなければ許可できない定めとなっていることは既述の通りであるが、設置許可処分（積極処分）の裏の関係にあたる設置許可拒否処分（消極処分）にあっては、同法8条の2第1項の各号の一つでも充足していないことが認められれば、たとえば、同法同条同項1号から3号までの処分要件は充足するが、4号の要件である欠格事由が存在し、処分要件を充足しない場合、許可処分をすることはできず、拒否処分をせざるを得ないのであり、第2類型の処分となる。

　不利益処分の例として、廃掃法は、一般廃棄物処理施設設置許可の必要的取消しとして、同法9条の2の2第1項の各号に定める要件のいずれかに該当するときは許可を取り消さなければならないと定め、複数ある処分要件のうち、1個の処分要件充足をもって、処分を発動（許可取消）できる第2類型の処分となっている。

　第1類型の処分の場合、当該行政庁は、第一次判断権行使として、処分要件の充足・不充足につき、そのすべてを判断している。結果として、行政庁の第一次判断権の結果である処分の適法・違法は、第一次判断権の対象すべてに及ぶため、既述の通り、審判の対象＝訴訟物は、違法一般となる。

　これに対し、第2類型の処分では、当該行政庁は、すべての処分要件の充足・不充足を判断する必要はなく、特定の1個の処分要件の充足・不充足を判断すれば足りる。当該行政庁の第一次判断権は、1個の処分要件にしか及んでおらず、その判断の結果である処分の適法・違法は、第一次判断権の対象となった特定の1個の処分要件に限定される[19]。

---

18) 司法・実務研究149頁。
19) 司研・実務研究150頁。

図13 ● 廃掃法（要約）

（許可の取消し）
第9条の2の2　都道府県知事は、次の各号のいずれかに該当するときは、当該
　　　　　　　一般廃棄物処理施設に係る許可を取り消さなければならない。

> 1 …… 第7条第5項第4号イからヌまで（欠格事由）の
> 　　　　いずれかに該当するに至つたとき。
> 2 …… 違反行為をしたとき等で情状が特に重いとき又は
> 　　　　改善命令等に違反したとき。
> 3 …… 不正の手段により許可等を受けたとき

　図13に即していえば、都道府県知事が、許可を受けたものが改善命令
に従わなかったこと（同法9条2の2第1項2号）を理由として一般廃
棄物処理施設設置許可取消処分を行った場合、都道府県知事の第一次判
断権は、「改善命令に従わなかった」という処分要件の充足・不充足に
しか及んでおらず、別の処分要件である欠格事由の存否等は、取消処分
を行うにあたって何ら判断されていない。

　したがって、第2類型の処分においては、当該行政庁が処分の際に第
一次判断権を行使したとみることができる処分要件の充足・不充足＝
個々の違法事由の存否が訴訟物になると解される。

　以上の論理的な関係を示すと図14の通りである。

　一般廃棄物処理施設設置許可取消し処分が取り消させるべきものかど
うか？＝処分は適法か？違法か？　　が審判の対象である。Aの裏を返し
たものがBであり、AまたはBを実線で囲った部分が審判の対象となる。

　図14では、2号要件に該当するとして許可処分の取消処分が行われた
ケースを前提としているが、仮に、当該処分庁（被告）が、1号要件と
2号要件に該当するとして取消処分を行った場合、裁判所としては、2
号要件を充足しない（違法事由がある）と認定できても、ただちに当該

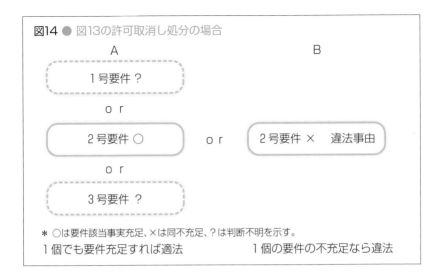

図14 ● 図13の許可取消し処分の場合

A   B

┌─────────────────────┐
│   1号要件 ？   │
└─────────────────────┘

o r

┌─────────────────────┐   ┌─────────────────────────┐
│   2号要件 ○   │ o r │   2号要件 ×   違法事由 │
└─────────────────────┘   └─────────────────────────┘

o r

┌─────────────────────┐
│   3号要件 ？   │
└─────────────────────┘

＊ ○は要件該当事実充足、×は同不充足、？は判断不明を示す。
1個でも要件充足すれば適法   1個の要件の不充足なら違法

処分は違法であると認定することはできない。なぜなら、2号要件（改善命令等違反）と1号要件（欠格事由該当）は、全く無関係の事実であり、2号要件を充足しないとの判断に達しても、1号要件を充足するのであれば、取消処分は適法となるからである。裁判所は、1号要件の充足・不充足をも判断しなければ、最終的に取消処分が適法か違法か判断ができない。

　すなわち、審判の対象となるのは、行政庁が第一次判断権を行使した個々の処分要件（裏を返せば個々の違法事由）であり、仮に違法事由が複数あると主張された場合、そのすべてについて判断しなければ、当該処分の適法・違法を最終的に判断できず、第一次判断権を行使した個々の違法事由（実線で囲った部分）が訴訟物となると解されるのである。

　もっとも、第2類型の処分であれば、常に個々の違法事由が訴訟物になるということをただちに意味するものではない。第2類型の訴訟物の

考え方は、行政庁の第一次判断権の範囲に依拠するものであり、根拠法規上の処分要件のうちどの範囲で第一次判断権を行使して処分したのかを、処分理由、処分要件の立て方および処分の性質に照らして判断してゆくこととなる。

（6）訴訟物と処分の同一性

　処分取消しの訴えの訴訟物を処分の違法一般と解した場合、訴訟物の個数は、原則として処分の個数に従うこととなる。原告が主張する違法事由が一つでも処分が2個の場合、訴訟物は2個となる[20]。

　ここで第2類型の処分が争われた場合における、処分理由の追加または差し替えと処分の個数について簡単に触れておく。

　第2類型の処分の場合、その訴訟物は行政庁の第一次判断権が行使された個々の処分要件の違法性ということになる。処分理由とは、この処分要件を充足しているということの現れに他ならず、純理論的にいえば、処分理由の追加または差し替えとは、新たな処分の発動または処分の変更であり、訴訟物の追加または訴訟物の変更を意味することになるが、訴訟物の提示または変更は原告の専権であり、被告の主張により訴訟物が変動することは理論上あり得ない。

　したがって、処分理由の追加または差替えによって観念される新たな処分と当該訴訟で争われている処分の同一性が認められる場合（行政庁の第一次判断権の範囲がその判断基準になると考える）、処分の適法性を基礎付ける防御方法の主張と捉え得るが、処分の同一性が認められない場合、処分理由の追加または差替えは、当該訴訟手続上は、無意味な主張といわざるを得ず、処分の適法性を基礎付けることにはならない。したがって、そのような理由の追加または差替えは、許されないと解される[21]。

20）司研・実務研究154頁。
21）司研・実務研究204頁。

図15

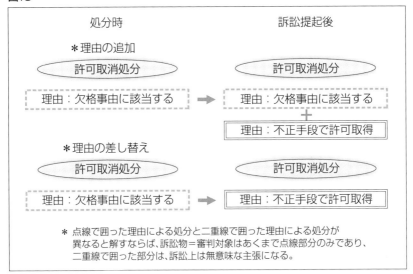

3 …… 裁決取消しの訴え

　審査請求その他の不服申立てに対する行政庁の裁決、決定その他の行為（以下単に「裁決」という）は、行政による紛争裁断作用であり、その本質は、行政行為（行政処分）の一形態である[22]。裁決取消しの訴えとは、（裁決）処分取消しの訴えに他ならない。

　したがって、その訴訟物を考えるにあたっても、基本的には、処分取消しの訴えと同様と考えられる[23]。

　すなわち、裁決取消しの訴えは、形成訴訟であり、裁決の違法一般が訴訟物となる[24]。

　ただし、訴訟物の内容となる違法事由の範囲に関しては、処分取消しの訴えにおける違法事由とは異なる。

　裁決の違法一般と考えた場合、原処分が違法であるにもかかわらず、

22）原田・行政法145頁。
23）以下私見である。形成訴訟説に立つ場合、公定力排除という法律効果を形成することがその理解の基本にあることは既述の通りである。裁決も裁決取消しの訴えという特殊な訴訟形態が法定されていることの反射的効果として、「（裁決）取消訴訟の排他的管轄」に服するものであり、この理があてはまる。

図16

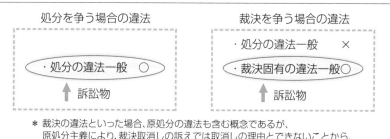

審査請求等を棄却した判断そのものが違法であるという事由、すなわち、原処分の違法も当然に違法事由に含まれることになるはずである。しかし、行訴法10条2項は、「処分取消しの訴えと裁決取消しの訴えを提起することができる場合は、裁決の取消しの訴えでは処分の違法を理由として取消しを求めることはできない」と規定し、いわゆる原処分主義を採用している。このため、裁決取消しの訴えでは、違法一般と言いつつも、原処分が違法であることを理由とすることができず、原処分の違法は、訴訟物とならない。

　裁決取消しの訴えの訴訟物は、裁決固有の違法一般ということになる。具体的には、裁決手続の瑕疵として、行政不服審査会等への諮問を行うべきであるにもかかわらず諮問がなされなかったという事由[25]や審査請求の代理権限が存在するにもかかわらず、代理権限がないとして却下されたという事由[26]等が考えられる。

4 ⋯⋯無効等確認の訴え

　訴訟形態としては、その名前の通り確認訴訟にあたる[27]。

24）条解75頁。
25）行審法43条1項。
26）行審法12条。
27）西川・行政訴訟110頁。

一般に確認訴訟の訴訟物は、権利関係または法律関係の存在または不存在と解されており、行政処分無効確認の訴えの抽象的な訴訟物としては、行政処分が無効であることとなる。

　行政処分が無効であるとはどういう意味を有するかといえば、行政処分の瑕疵（違法性）が、重大かつ明白な場合な場合を意味する[28]。すなわち、行政処分に瑕疵（違法性）があったとしても、公定力（取消訴訟排他的管轄）により、権限ある機関が取り消すまでは一応有効として扱われる。しかし、当該瑕疵が、重大かつ明白な場合は、公定力（取消訴訟の排他的管轄）は及ばず、権限ある機関の取消しを待つまでもなく、いつでも、誰でも、当該処分が無効であることを主張できる。

　たとえば、公務員が懲戒免職処分を受けた場合、懲戒免職処分の瑕疵が取消事由にとどまる限り、まず当該懲戒免職処分の取消しを求め、取り消された後に、免職期間中の棒給（給料）請求訴訟を行うこととなる。一方、当該懲戒免職処分の瑕疵が重大かつ明白なものである場合、懲戒免職処分の取消しを経由することなく、当該処分が無効であることを前提として、棒給（給料）請求訴訟を提起することができる[29]。

　したがって、「行政処分が無効である」との訴訟物の具体的内容は、当該処分の重大かつ明白な違法一般ということとなる。

　ここで、処分取消しの訴えにおける訴訟物である処分の違法性一般と無効確認の訴えの訴訟物である処分の重大かつ明白な違法一般は、違法一般という点においては共通するものであることから包含関係にあるのか、それとも両者は質的に全く異なる別個の概念であるかは一つの議論である。議論の実益として、もし包含関係にあると解すれば、処分の違法一般という部分において、両者の訴訟物は同一であり、二重起訴の禁止に規定に触れることとなるが（行訴法7条、民訴法142条）、質的に異なるとの理解であれば、訴訟物を異にするので、二重起訴にはあたらな

28）重大明白説・最判昭和36・3・7民集15巻3号381頁（ガントレット事件）。
29）原田・行政法139頁。

図17

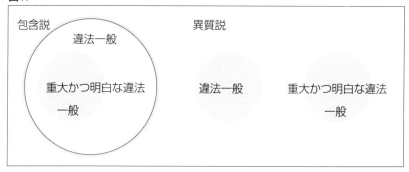

いこととなる。

　一つの考えとして、行訴法は、単なる瑕疵（違法一般）に関しては取消訴訟の排他的管轄（公定力）に服せしめたのに対し、取消訴訟の排他的管轄（公定力）がそもそも及ばないことを前提とする無効等確認訴訟を抗告訴訟の類型として規定していることからして、単なる瑕疵（違法一般）と無効原因となる瑕疵（重大かつ明白な違法一般）は、質的に異なる概念であると考える事ができる。この考え方に立てば、処分取消しの訴えと無効確認の訴えは、訴訟物を異にし、二重起訴の関係には立たず、両訴訟を提起することができることとなる[30]。

5……不作為違法確認の訴え

　訴訟形態としては、その名前の通り確認訴訟にあたり、前項の通り、その訴訟物としては、権利関係または法律関係の存在または不存在ということに一応なる。

　ところで、不作為違法確認の訴えは、法令に基づく申請に対し、行政庁が相当の期間内になんらの行為をしないことが違法であることを宣言

30）司研・実務研究165頁。

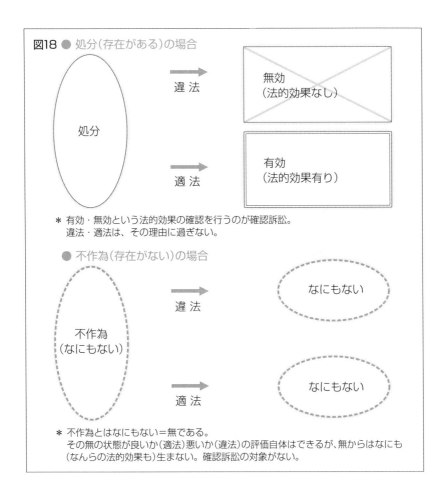

図18 ● 処分(存在がある)の場合

処分

違法 → 無効
(法的効果なし)

適法 → 有効
(法的効果有り)

＊ 有効・無効という法的効果の確認を行うのが確認訴訟。
違法・適法は、その理由に過ぎない。

● 不作為(存在がない)の場合

不作為
(なにもない)

違法 → なにもない

適法 → なにもない

＊ 不作為とはなにもない＝無である。
その無の状態が良いか(適法)悪いか(違法)の評価自体はできるが、無からはなにも
(なんらの法的効果も)生まない。確認訴訟の対象がない。

（確認）してもらう訴訟形態であって、当該処分の効力のある・なしや申請者と行政庁の法律関係を確認するものではない。確認訴訟の訴訟物であるところの、権利関係または法律関係の存否を直接確認するものではなく、訴訟物を観念しづらい。そのため、一般に流布している文献等

でも、不作為違法確認の訴えの訴訟物は明示されていない[31]。

　以下はあくまで私見である。不作為法確認の訴えは、違法な不作為状態を解消し、最終的な救済に向けて中間的な解決をはかるため、行訴法が用意した特殊な訴訟形態であり[32]、一般的な、給付・確認・形成の各訴訟形態にはなじまないものである。しかしながら、あえてこの三形態にあてはめて考えるに、行手法7条は、一般に申請に対する行政庁の応答義務を定めたものと解されている。不作為の違法とは、この行政庁の応答義務の不履行が違法であることの意味であり、裏を返せば、申請者が応答を受ける権利が存在することの確認と捉えられ、この応答を受ける権利が発生する要件として、①申請が法令に基づくものであること②相当期間の経過が必要となると構成することができる。判決主文としては、不作為の違法宣言の形となるが、これは、申請者が応答を受ける権利を有することの救済手段（中間救済手段。最終救済手段としては次に述べる義務付けの訴えが存在する）として、違法宣言が最も適切であることから、行訴法がとくに定めたものと考えることができる。

　私見ではあるが、不作為法確認の訴えの訴訟物は、申請に対する応答受領権と考える。

6……義務付けの訴え

　2004（平成16）年行訴法改正により新たに設けられた訴訟形態であり、既述した訴訟形態に比して、訴訟物に関する議論が深化していない。

　考え方としては、給付訴訟と考える立場と形成訴訟と考える立場に大別できる。

　たしかに、義務付けの訴えの認容判決主文は、行政庁に一定の作為を命じる形態をとり、民事訴訟における建物収去土地明渡し訴訟等と同様に、給付訴訟と位置付けることも可能ではある。この場合訴訟物は、国

31）条解、西川・行政訴訟、司研・実務研究等。
32）仙台地判平成10・1・27判夕994号132頁。

民が行政に有する行政上の行為請求権ということになるが、裁判規範ではなく行為規範として形成されてきた行政法の沿革からして、行政個別実定法の規定において、このような行政に対する行為請求権を一義的に観念することは難しいと考える。たとえば、既述の通り、墓埋法10条1項は、「墓地、納骨堂又は火葬場を経営しようとする者は、都道府県知事の許可を受けなければならない。」と規定するのみで、この規定から、国民が墓地等経営許可請求権を有すると解するのは困難である。

　本書では、もう一方の有力説である形成訴訟説を採用し、以下、解説する。

　形成訴訟説は、義務付けの訴えを、本来は義務のない行政庁（被告）に、処分をすべき義務を形成する訴訟類型と考える。この立場に立てば、では形成原因は何か？　ということが問題となるが、行訴法の義務付けの訴えに関する各規定は、手続法規としての面のみならず、行訴法37条の2（いわゆる1号義務付けの規定）第5項および同法37条の3（いわゆる2号義務付けの規定）第5項のように義務付けを認める実体要件をも規定したものと解する事ができ、法定された各規定が形成要件を構成すると考えられる。

　形成訴訟における訴訟物は、実体法上列挙された個々の形成要件（形成原因）であると解されていることから、義務付けの訴えの訴訟物は、一定の処分等をしないことの違法一般であり、違法一般の内容としては、行訴法上の各規定（37条の2または37条の3）による形成要件（形成原因）の存否ということになる[33]。

7……差止めの訴え

　差止めの訴えも、義務付けの訴えと同様に、2004（平成16）年改正行訴法によって新設された訴訟形態である。

33）条解218頁。

差止めの訴えの認容判決主文は、行政庁に一定の行為の禁止を命じる形態をとり、義務付けの訴えと同様の議論がある[34]。

本書では、義務付けの訴えと同様に、形成訴訟説を採用するので、その訴訟物は、一定の処分をすることの違法一般であり、違法一般の内容行訴法上の各規定（37条の4）による形成要件（形成原因）の存否ということになる。

IV ＊ 抗告訴訟の要件事実論

1……抗告訴訟の訴訟物と要件事実（主要事実）

（1）訴訟物と要件事実の関係

処分取消しの訴えを例にとる。

既述の通り、同訴えの訴訟物は、当該処分の違法一般であり、当該処分の適法要件（処分要件）をすべて満たしているということは訴訟物の一部を構成する。再論すれば、**図11**における1号要件〜4号要件の充足は、訴訟物の内容である。

訴訟における要件事実（主要事実）は、あくまで存否の証明が可能な事実であって、抽象的な要件充足性ではない。この1号要件〜4号要件の要素としてこれを構成する事実（事実の集合の存在により当該適法要件を充足するとの結論を導ける事実）が要件事実ということになる。

当該処分における要件事実が何か？　を考えるにあたっては、まず当該処分の適法要件を根拠法規から抽出し、さらに、その要素が何かも根拠法規から抽出して決してゆくほかない。

具体的に述べれば、**図13**の廃掃法における一般廃棄物処理施設設置許可取消し処分の例で、同1号要件は、複数の事由を定めるが、そのうちの一つとして、許可を受けたものが、「破産者で復権を得ないものに該

34）条解220頁。

当した場合」を適法要件としていると解せる（同法7条5項4号イ）。

　したがって1号適法要件の要件事実として、許可を受けたものが破産開始決定を得た事実および免責不許可決定が確定した事実[35]等が要件事実となる。

（2）争点提示の負担

　後述する通り、処分取消しの訴えにおいて、当該処分が適法であることの主張立証責任は、原則として被告（行政）側にあると解されている。したがって、原告（私人）としては、当該処分が違法であるとの概括的主張のみで攻撃防御方法としての請求原因の主張は足り、被告において、当該処分が適法であること＝適法要件すべての主張・立証が必要ということになる。

　しかし実際の訴訟実務においては、被告が主張・立証責任を負う適法要件の要件事実のうち、原告が問題とするものおよび重要かつ主要なものについてのみ主張・立証の対象となり、その他の適法要件は、弁論の全趣旨から包括的にその存在を判断している。**図11**の廃掃法における一般廃棄物処理施設設置許可の例で、原告が3号要件（環境保全）の不充足を理由に許可の取消しを求めている場合において、適法要件である4号要件（欠格事由がないこと。欠格事由自体が相当な数に上る）の要件事実すべてを被告が主張・立証することはいかにも不合理であり訴訟経済に資さないことは明らかである。主張・立証の対象となされていない要件事実については、権利自白が成立したとの見方もできるが、弁論の全趣旨（当事者が問題としていないので当該要件事実が認められる）からして、その存在が認められると解するのである。

　そうすると、訴訟物の特定は、原告の義務であるから、原告は、最低限、争いの対象となる処分を特定する必要があるが、それができれば、後は当該処分が違法であるとの概括的主張（違法一般の主張）をすれば、

35）免責不許可決定の確定は、復権を妨げる事実の一つである（破産法255条1項1号）。

実体法の問題としては、その他主張・立証責任（真偽不明の場合の敗訴の負担）を負担することはない。しかし、原告が、適法要件のうちの何を問題とするかという争点を提示しなければ、当該争点が裁判所による何の判断を経ないまま敗訴するというリスクを負担することになる。この負担は、真偽不明の場合の敗訴の負担という意味での主張・立証責任とは異なる概念であるが、原告は、適法要件のうち何が問題なのかを訴訟に顕出する、争点提示の負担を有しているということができる。

2……主張立証責任（要件事実）の分配

（1）問題状況

　抗告訴訟における要件事実が定まったとして、それを原告、被告にどのように割り振りするか、これは、当事者のどちらに主張・立証責任を負担させるかという問題であり、攻撃防御方法に即していえば、個々の要件事実を、請求原因（Kg:Klagegrund）、抗弁（E：Eeinrede）、再抗弁（R：Replik）、再々抗弁（D：Duplik）、再々再抗弁（T：Triplik）等の攻防方法のいずれに位置付けるかの問題である。

　民事訴訟では、その基準として法律要件分類説が通説であり、訴訟実務では定説といえる。このため精緻な要件事実論が構築されるに至っているが、抗告訴訟においては、通説とよべるほどの学説はなく、以下の通り諸説がある。

（2）法律要件分類説

　民事訴訟における通説である法律要件分類説を抗告訴訟にも適用する考え方である。

　法律要件分類説は、その要件事実の存在が認められたならば発生するであろう法律効果との関係で、立証責任が論理的、客観的に決まるとする見解である。そして、法律効果の発生原因は、すべて客観的に実体法

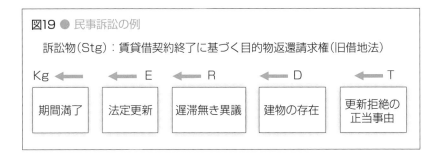

図19 ● 民事訴訟の例

訴訟物（Stg）：賃貸借契約終了に基づく目的物返還請求権（旧借地法）

Kg ← ← E ← R ← D ← T

| 期間満了 | 法定更新 | 遅滞無き異議 | 建物の存在 | 更新拒絶の正当事由 |

の各法条が規定するところであり、その法律効果が他の法律効果に対してどのように働くかという観点から、権利根拠規定、権利障害規定、権利阻止規定および権利滅却規定に分類し、これら法律効果の働き方によって論理的に決まる組み合わせに従い、訴訟当事者は自己に有利な法律効果の発生要件事実について立証責任を負うとする[36]。

　抗告訴訟に即して考えれば、営業許可取消し処分のような不利益処分では、行政庁が（公益目的のため）営業許可取消しという法的効果を望んで処分を下すのであるから、被告（行政）において営業許可取消しという効果を発生させる根拠法規に定められた処分発動要件の要件事実について主張立証責任を負い、仮に処分発動要件があっても、ただし書等によりこれを制限する効果を発生させる要件が根拠法規等に規定されている場合、当該要件事実については、原告（私人）が主張立証責任を負うと解する。

　あるいは、申請に対する許認可等の拒否処分では、申請者（私人）が許認可を得るという利益な法律効果を望むのであるから、原告（私人）が当該許認可処分発動要件の要件事実について主張立証責任を負い、仮に処分発動要件があっても、ただし書等によりこれを制限する効果を発生させる要件が根拠法規等に規定されている場合、当該要件事実につい

36）司法研修所編『増補民事訴訟における要件事実　第1巻』（法曹会、1986年）5頁。

図20

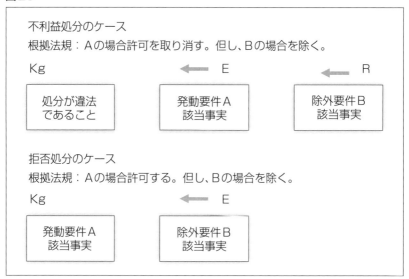

では、被告（行政庁）が主張立証責任を負うと解する。

　法律要件分類説の弱点は、個別行政実定法が、裁判規範として形成されているとはいえず、適用条文の解釈によっても、何が権利根拠規定となり、何が権利障害規定等になるのか、明確でないという点があげられる。たとえば、農地の転用に関し、農地法は許可制をとっているが（農地法4条1項）、同法同条同項各号で許可できない事由（不許可事由）を規定しつつ、不許可事由の規定の中でさらに例外規定を設けており、どこまでが許可発動要件であり、どの規定がその阻害要件となるのか一義的に決めがたい。

　このように、法律要件分類説には弱点もあるが、根拠法規の規定の仕方に重点を置くという方法論は、立法者の考えに重点を置くという意味

で正しい方向性を示しているといえ、他の説によって主張立証責任の分配を決するとしても、補助手段として採用されるべきである[37]。

（3）侵害処分・受益処分説（憲法秩序帰納説）

憲法秩序から帰結される、法律による行政の原則、その派生原則である法律の留保に関する侵害留保説を基礎とする考え方である。

すなわち、国民（私人）の権利を制限し、義務を課す行政処分、いわゆる侵害処分については、行政庁側に当該侵害処分が適法であること＝当該処分の発動要件該当事実の主張立証責任があり、国民（私人）が国等の公権力主体に対し、自己の権利領域、利益領域を拡張することを求める申請の拒否処分（受益処分の拒否）については、国民（私人）が当該処分の発動要件該当事実につきその主張立証責任を負うとするものである。

法律による行政の原則に則した考え方であり、基本的に正しいものと考える。

この説の弱点として、この説では侵害処分、受益処分の区分が前提となるが、個々の行政処分について、それが侵害処分か受益処分か一義的に決定しがたいという点がある。たとえば、図11で示した一般廃棄物処理施設設置許可処分について、許可申請を行う者からすれば受益処分にあたるが、当該施設が設置される周辺住民（原告適格が認められる住民）からすれば、地域環境悪化の危険性を負担するものであり、侵害処分になる。このような複合的処分（二重効果的行政処分）[38]では、主張立証責任の分配を決する決め手を欠く憾みがある。

（4）個別検討説

当事者間の公平、事案の性質、立証の難易等に照らし、具体的事案に要件事実に関する主張立証責任の分配を決定するという考え方である。

たしかに、上記2説から、民事訴訟のように明確かつ精緻な要件事実

37）司研・実務研究171頁。
38）宇賀・行政法Ⅰ322頁。

の分配基準を見出すことは難しく、最終的には個別に判断していかざるを得ない面はある。しかし、この説は、結局のところ、主張立証責任の分配に関し、何の基準も示していないに等しく、それが弱点である。

（5）一応の結論

　結局のところ、どれか一つの考え方のみによって主張立証責任の分配を決することは困難である。訴訟実務では、侵害処分・受益処分説を基本とし、これに法律要件分類説、個別検討説を加味して分配を決定してゆく方向性がとられており[39]、本書もそれに準じ、以後、要件事実論を解説する。

39）司研・実務研究172頁。

第2章

処分取消しの訴えの要件事実

堀口雅則

1 ＊総 論

1−1……はじめに

　ここまでで、要件事実論とは、主要事実が何かを特定し、それを原告と被告のどちらが主張すべきか、その責任（主張・立証責任）を分配するための方法論であることがわかった。

　そこで、本章以降では、各訴えの類型によって具体的にどのように主要事実の立証責任が分配されるのかをみていくことにする。

1−2……訴訟物

（1）処分取消しの訴えの訴訟物

　第1章で述べた通り、処分取消しの訴えは、一応有効とされている権利関係（公定力）を処分の違法という形成原因を主張することによって覆滅（取消し）させ無効とし、権利関係を変動（公定力排除）することを目的とする形成訴訟であると位置付けられる。

　よって、審理の対象となる訴訟物は当該処分の違法そのもの、つまり「行政処分の違法一般」であるとされる。

（2）「行政処分の違法一般」の内容

　㋐　この「行政処分の違法一般」の中身は、これも第1章で述べた通り、第1類型の処分（複数の処分要件のすべてが充足されると処分が発動される類型）と第2類型の処分（複数の処分要件のうち一つが充足される

137

と処分が発動される類型）によって異なる。

　イ　第1類型では、個々の違法事由の集合体が訴訟物となり、それを構成する個々の違法事由のうち、一つでも認められれば全体が違法となる。

　ウ　第2類型では、処分の直接の理由となった個々の処分要件が満たされないこと（＝個々の違法事由）のみが審判対象となり、訴訟物となる。

1－3……実体的違法事由と手続的違法事由

　当該処分が違法であるかどうかについて、その処分の実体的要件、つまり「処分の中身として要件を満たさないから違法である」という実体的違法事由と、実体的要件は満たすとしても、「その処分を下すに際して実施することを求められている手続に反しているから違法である」という手続的違法事由に分けられる。

　手続的違法事由については、個々の実体法に規定がある他、行政手続法にまとめて定められている。

1－4……訴訟要件

（1）主要事実との対比

　ア　1－3までで述べた違法事由は、いうまでもなく主要事実であるから、原告が、自らが立証責任を負う違法事由を訴訟の中で主張・立証できなかった場合、請求"棄却"判決が下されることになる。

　イ　しかし、その前段階の、そもそも当該訴訟が成立するための要件としての「訴訟要件」というものが存在し、これが存在しない場合、「却下」判決、すなわち、門前払いの判決が下される。たとえば、ある行政処分について、処分の名宛人でなく、またその処分に何らの関係のない第三者が取消しの訴えを提起した場合、その処分が違法であるかどうかという訴訟の中身（「本案」という）を判断するまでもない。また、提

訴期間が決められているのに、それを経過した後で訴えを提起した場合も、同様に訴訟の中身に踏み込んで判断する必要はないのである。

（2）訴訟要件の内容

㋐　このような訴訟要件は、公益性の強いものとそうでないものに分かれ、前者は当事者が主張しなくても裁判所が職権で調査し、また、当事者の立証がなくても裁判所が職権で探知する。

㋑　前者の例としては、管轄裁判官の除斥・忌避事由があげられる。

㋒　審査請求の前置や出訴期間は、前者と後者の中間に位置付けられ、職権調査事項であるものの、原告が立証しなければ、訴えは不適法となって却下される。

㋓　後者の例としては、処分の存在、処分性、原告適格を基礎付ける事項、狭義の訴えの利益があげられ、原告が主張・立証責任を負うことになる。

（3）訴訟要件の位置付け

　このように、訴訟要件は、主要事実ではないから要件事実論の内容とはならないものの、「当事者が訴訟でどのようなことを主張・立証しなくてはならないか」という大きな枠で考えたときに、その事実を主張・立証しないと（却下であろうが棄却であろうが）負けてしまう、という点で、主要事実と近接する位置にあり、訴えを提起する際には、主要事実と同様に頭に入れておかねばならない。各要件の内容については章末のまとめ（154頁以下）を参照のこと。

1－5……処分取消しの訴えの類型

　処分取消しの訴えの要件事実を考えるにあたり、処分取消しの訴え自体をいくつかの視点によって分類して考える必要がある。処分の構造や訴訟構造により、自ずと要件事実も異なるからである。

図1

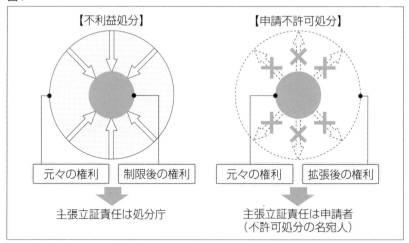

（1）不利益処分と申請不許可処分

　不利益処分と申請不許可処分は、不利益処分は国民が元々有していた権利を一方的に制限するのに対し、申請不許可処分は、国民が元々有していた権利を、申請によって拡張することを拒否するという点で異なる（図1）。

　よって、不利益処分では行政庁が「申請者が処分要件に該当すること」についての主張・立証責任を負うが、申請不許可処分では申請者が「自らが許可要件を満たすこと」について主張・立証責任を負う。

　この二つの類型については2、3で説明する。

（2）羈束処分と裁量処分

㋐　処分要件が一義的に規定されている行政処分を羈束(きそく)処分といい、処分要件が一定程度抽象的に規定されており、要件に該当するかどうかの判断について行政庁に裁量がある行政処分を裁量処分という。

図2

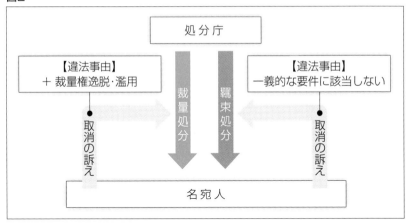

㋑　羈束処分の場合、ある事実が処分要件に該当するかどうかは一義的に判断出来るから、原告としてはある事実がその処分要件に該当しないことを違法事由として主張すれば良いし、裁判所としても、ある事実がその処分要件に該当するかどうかを容易に判断できる。

㋒　しかし、裁量処分の場合には、ある事実が処分要件に該当するか、該当したとしてどのような処分を下すかについてどのように判断するかは行政庁に裁量が認められるから、原告としては、たとえば文言上は処分要件に該当しない可能性があるとしても、違法事由としてはそれを主張するだけでは足りず、その行政庁の判断が当該行政庁に認められた裁量権の逸脱・濫用にあたることまで主張しなくてはならない。

　裁判所としても、裁量権の逸脱・濫用まで立証されなければ、違法事由があったとして取消判決を下すことはできない。

㋓　羈束処分については説明を要しないので、裁量処分についてのみ4で説明する。

図3

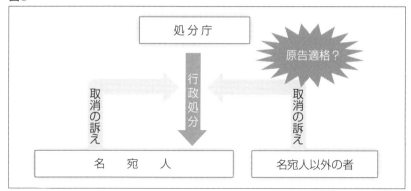

（3）名宛人が提起する訴訟と名宛人以外が提起する訴訟

㋐　（1）と（2）は処分内容による分類であるが、その処分について取消しを求めて提訴するのが誰かによっても訴訟で何を主張すべきかが変わってくる。これは訴訟要件の一つである原告適格の問題であるが、実際の訴訟では違法事由と並んで争点となることが多い。

㋑　まず想定されるのは、処分の名宛人が訴えを提起する場合である。自らに対する処分に不満をもった者が、その処分の取消しを求めるというものである。

　この場合、当該処分は名宛人に直接不利益を及ぼす処分であることが多いから、原告適格が問題となるケースは少ない。

㋒　次に想定されるのは、処分の名宛人以外が訴えを提起する場合である。これは、自分以外の者に対する処分に不満をもった者が、その処分の取消しを求めるというものである。

　たとえば、新規参入業者に対してなされた営業許可処分について既存の業者が取り消すよう求めるケースや、建築大臣の都市計画事業認可処

分について当該都市計画事業のなされる地域の周辺住民が取消しを求めるケースなどがあげられる。

　これらはいずれも、処分の名宛人が訴えを提起する場合と異なり、名宛人に対する処分について、その処分の影響でどちらかというと不利益をこうむる第三者が取消しを求める場合であるが、その不利益が処分の直接の効果であるとただちにはいえないから、原告適格が問題となるケースが多い。

🄔　名宛人が提訴する場合については説明を要しないので、名宛人以外の者が提訴する場合についてのみ5で説明する。

2 ＊ 不利益処分の要件事実

2-1……不利益処分の構造

（1）主張・立証責任の所在

　不利益処分とは、国民の権利自由を制限しまたは国民に義務を課す処分であるから、ある不利益処分を下すにあたり、権利自由を制限され、または義務を課された名宛人について、当該処分の要件に該当することを主張・立証するのは、被告である行政庁の責任である。

（2）事実上の争点の提示

　被告である行政庁に主張立証責任があるとしても、原告である名宛人が訴えを提起する段階で、当該処分がどの処分要件にどのような理由であたらないかを主張しないことには、そもそも訴訟は始まらない。

　その意味で、最終的な主張・立証責任が被告である行政庁側にあるとしても、事実上、原告において争点を提示する程度の違法性の具体的主張は必要となる。

　そして、原告が争点を提示した場合、主たる審判の対象は自ずと原告

が提示したものに絞られていくから、被告の主な主張・立証もその点に注力される。残された他の要件については、必ずしも被告が逐一主張立証しなくてはならないわけではなく、大まかに主張・立証すれば足りるとされている。

(3) 手続的違法事由

㋐ 行政手続法上、不利益処分を科す場合には、聴聞ないし弁明の機会の付与（同法13条）、理由提示（同法14条）、文書閲覧（同法18条）などの手続が求められている。

㋑ このうち、聴聞ないし弁明の機会の付与、理由提示については違反した場合に処分取消事由にあたる。

しかし、行政庁の文書を閲覧するのは、聴聞の前提として自分がどのような理由で不利益処分を受けたのかを知るためなのだから、文書閲覧拒否が単独でただちに取消事由になるわけではない。

2-2……風俗営業許可取消処分の取消訴訟の要件事実

(1) 設例

風俗営業許可取消処分を例にとって、要件事実を検討する。

> 【設例】ゲームセンターを営んでいた原告は、行政庁から、あらかじめ行政庁の承認を受けないで営業所の構造または設備の変更をしたことを理由として、風営法26条1項[1]、9条1項[2]に基づいて風俗営業許可取消処分を受けた。

(2) ステップ①：訴え提起

原告に主張・立証責任は無いが、争点の明確化のため、事実上、どの要件に反したとして営業許可取消処分がなされたか、そして、自分がそ

---

1) 風営法26条1項「公安委員会は、風俗営業者若しくはその代理人等が当該営業に関し法令若しくはこの法律に基づく条例の規定に違反した場合において著しく善良の風俗若しくは清浄な風俗環境を害し若しくは少年の健全な育成に障害を及ぼすおそれがあると認めるとき、又は風俗営業者がこの法律に基づく処分若しくは第3条第2項の規定に基づき付された条件に違反したときは、当該風俗営業者に対し、当該風俗営業の許可を取消し、又は六月を超えない範囲

の要件に反しないことを主張する。この際、実体的違法事由の他に手続的違法事由があればそれも主張する。

> ・処分は風営法26条1項、同法9条1項に反したとして営業許可取消処分を受けた。
> ・原告は26条1項および9条1項に違反しないから、要件該当性を欠き、処分は違法である（実体的違法事由）。
> ・該当するとしても、行政手続法に規定される聴聞を経ていないので、処分は違法である（手続的違法事由）。

（3）ステップ②：被告の主張

　行政庁は原告が提示した争点について、違法事由が無いこと、すなわち原告が同法26条1項および9条1項に該当することの主張・立証責任を負うから、その点について具体的な主張を展開する。

> ・原告は、あらかじめ許可を得ていた部屋とは別に新しく部屋を作り、その部屋にゲーム機を複数台設置して営業しており、これは9条1項所定の「増築、改築その他の行為による営業所の構造又は設備の変更」にあたる（9条1項該当性の主張）。
> ・原告は風俗営業の収益を上げるという利己的な目的で本件違反行為を行ったものであるし、今までに複数回の違反歴を有しているから、26条1項所定の「著しく善良の風俗若しくは清浄な風俗環境を害し若しくは少年の健全な育成に障害を及ぼすおそれがある」にあたる（26条1項該当性の主張）。
> ・聴聞手続は適法に実施している（手続に関する主張）。

内で期間を定めて当該風俗営業の全部若しくは一部の停止を命ずることができる。」
２）風営法9条1項「風俗営業者は、増築、改築その他の行為による営業所の構造又は設備の変更（内閣府令で定める軽微な変更を除く。第5項において同じ）をしようとするときは、国家公安委員会規則で定めるところにより、あらかじめ公安委員会の承認を受けなければならない。」

（4）ステップ③：原告の反論

　被告の主張で具体的な処分要件該当事実が明確になったので、当該事実に対し、原告側で具体的に反論することになる。

　この設例でいえば、①原告の行った増築が9条1項の「増築、改築その他の行為による営業所の構造又は設備の変更」にあたらないという具体的主張や、②今回の9条1項違反行為は26条1項所定の「著しく善良の風俗若しくは清浄な風俗環境を害し若しくは少年の健全な育成に障害を及ぼすおそれがある」にあたらないという具体的主張を展開することになる。

図4

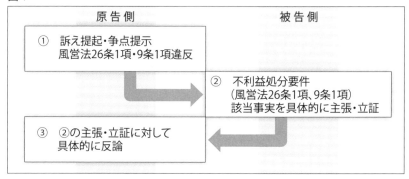

3 ＊ 申請不許可処分の要件事実

3−1……申請不許可処分の構造

（1）主張立証責任の所在

㋐　申請不許可処分において、申請とは基本的に国民がその権利や利益の拡張を行政庁に求めるものだから、拒否された申請が許可される要件

を主張・立証する責任は原則的に原告にある。

㋑　ただ、申請のうちでも、本来国民が自由に行える事項を公衆安全の
ために一般的に禁止し、ある要件を解除してその特定人に自由を回復さ
せるような処分（いわゆる警察許可）に関しては、本来自由に行える以
上は権利利益の拡張といえないから、主張立証責任は行政庁にある。

　逆に、特許は本来自由になし得ない事項を特別に許可するものだから、
これに対する申請は原則通り要件を満たしていることについて原告に主
張・立証責任がある。

（2）手続的違法事由

㋐　行政手続法上、申請不許可処分を行うためには、審査基準の設定・
公表（同法 5 条）、理由提示（同法 8 条）が求められており、双方とも、
違反した場合には処分取消事由となる。

㋑　また一般的に、受益処分の要件として実体的要件の他に手続的要件
（申請期間など）も定められていることが多いことから、個々の根拠法
をチェックする必要性が高い。

3−2……難民不認定処分取消訴訟の要件事実

（1）設例

　難民不認定処分の取消訴訟を例にとって、要件事実を検討する。

【設例】Ａ国で政治的意見による迫害を受けてＡ国の保護が受けられなく
なり日本に上陸した原告は難民申請をしたが、難民不認定処分を受けた。

（2）ステップ①：訴え提起

　難民認定は権利利益の拡張を求める申請であるから、不認定処分は申
請不許可処分にあたる。よって、要件該当性の主張・立証責任は原告に

ある。つまり、要件であるところの難民該当性[3]を主張・立証しなければならない。

> ・難民不認定処分がなされた。
> ・原告は政治的意見を理由に迫害を受けるおそれがあるという十分に理由のある恐怖を有する（たとえば、野党Ｂ党の幹部構成員であったところ、Ｂ党と抗争状態にあった与党Ｃ党の支持者から日常的な強い暴力にさらされていた、等）。
> ・原告は当該恐怖を有するため、国籍国であるＡ国の外（日本）にいる者であって、その国籍国の保護を受けることができない。

（3）ステップ②：行政庁の反論

被告は、原告の主張・立証に対して反論する。たとえば以下のような主張が考えられる。

> ・原告がＢ党の幹部構成員であった事実はない。
> ・Ｃ党とＢ党の抗争状態は原告が出国するときには収束していた。
> ・よって難民にあたらない。

図5

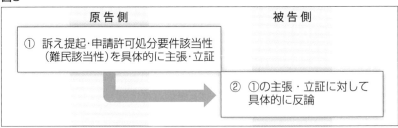

3）難民の定義：「人種、宗教、国籍若しくは特定の社会的集団の構成員であること又は政治的意見を理由に迫害を受けるおそれがあるという十分に理由のある恐怖を有するために、国籍国の外にいる者であって、その国籍国の保護を受けることができないもの又はそのような恐怖を有するためにその国籍国の保護を受けることを望まないもの」をいう。

4 ＊裁量性のある処分の要件事実

4－1……裁量処分の構造

（1）裁量処分の種類

　裁量処分には要件裁量（処分要件を具備しているか否かのあてはめについて行政庁に裁量が認められているもの）と、効果裁量（要件を具備しているとして、どの処分を採るべきかの選択について行政庁に裁量が認められているもの）がある。

（2）裁量処分の逸脱・濫用

　そもそも行政庁に裁量権が与えられたのは行政事務の柔軟な遂行をはかるためであり、また、政策的要素など専門的な判断が絡む分野では裁判所の審査能力には限界があるから、裁量処分については、裁量権の範囲を超えまたはその濫用があった場合に限り、裁判所がこの処分を取り消すことができる。

（3）主張立証責任の所在

㋐　ある処分が裁量権を逸脱・濫用したものであることは、裁量処分を判断する際の訴訟物である処分の違法性の内容となるから、基本的には原告側に主張・立証責任がある。

㋑　なお、伊方原発最高裁判決では、原発という専門技術的判断を要する裁量処分の場合において、安全審査に関する書類をすべて被告が有していたことなどを理由に、「被告行政庁が右主張、立証を尽くさない場合には、被告行政庁がした右判断に不合理な点があることが事実上推認される。」としているが、これは、原発の高度の専門性ゆえの特殊な事例判断といわれている。

（4）裁量権の逸脱・濫用の判断内容

㋐　裁量権を逸脱・濫用したかの判断の方法としては、社会観念審査（裁量処分の結果に着目して実体的違法事由の存否を審査する方法）、判断過程審査（当該裁量処分に至る行政庁の判断過程の合理性を審査する方法）、手続審査（手続的な観点から審査する方法）がある。

㋑　社会観念審査において裁量権の逸脱・濫用と判断される可能性があるものとしては、事実誤認（処分を下した判断が事実誤認により重大な基礎を欠くか、事実に対する評価が明白に合理性を欠く場合）、目的違反・動機違反（処分要件を定めた法律の趣旨・目的とは異なる目的や動機に基づいて処分がなされた場合）、平等原則違反、比例原則違反の場合などがあげられる。

㋒　判断過程審査において裁量権の逸脱・濫用と判断される可能性があるのは、本来考慮すべき事情を考慮せず、考慮すべきでない事情を考慮し、または本来過大に評価すべきでない事情を過大に評価するなど、行政庁の判断過程に誤りがあった場合である。

㋓　手続審査において裁量権の逸脱・濫用と判断される可能性があるのは、行政庁が行うべき手続が履践されていない場合である。

5 ＊ 名宛人以外の者が提起する取消しの訴えの要件事実

（1）原告適格とは

㋐　取消しの訴えは「当該処分又は裁決の取消しを求めるにつき法律上の利益を有する者（処分又は裁決の効果が期間の経過その他の理由によりなくなった後においてもなお処分又は裁決の取消しによって回復すべき法律上の利益を有する者を含む。）に限り、提起することができる」（行訴法9条1項）。

「法律上の利益を有する者」とは、当該処分等により自己の権利または法律上保護された利益を侵害され、または必然的に侵害されるおそれのある者をいう。

㋑　不利益処分の名宛人は処分取消しを求めるについて法律上の利益を有するのは当然であるから、法律上の利益を有し、取消しの訴えの原告となり得るか、つまり原告適格を有するかどうかが問題となるのは名宛人以外の第三者である。

　つまり、第三者が原告として訴え提起する場合には、訴訟要件として原告適格を欠いて訴えが却下されるおそれがあるから、提起にあたっては違法事由の他に原告適格があることを主張・立証しなくてはならない。

　これは、処分の名宛人が訴えを提起する場合には原告適格を主張しなくても良いということではないが、実際、違法事由を主張する際に不利益処分が原告に対してなされた事実が主張・立証され、それによって原告適格の存在が裏付けられるから、別立てで「原告適格がある」と主張する必要はない。

（2）「法律上保護された利益」の判断

㋐　法律上の利益の有無を判断するにあたっては、当該処分または裁決の根拠となる法令の規定の文言のみによることなく、①当該法令の趣旨および目的、②当該処分において考慮されるべき利益の内容および性質を考慮する（行訴法9条2項）。また、①を考慮する際には、当該法令と目的を共通にする関係法令の趣旨および目的をも参酌する（同項）。②を考慮する際には、当該処分または裁決がその根拠となる法令に違反してされた場合に害されることとなる利益の内容および性質ならびにこれが害される態様および程度をも勘案する。

㋑　仕組み解釈

　原告適格に関する法律の構造は述べた通りであるので、根拠法令の趣

図6

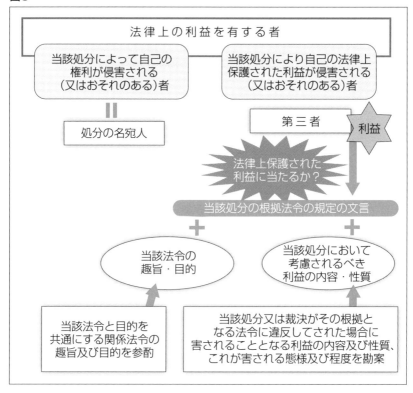

旨および目的の点と、処分において考慮されるべき利益の内容・性質の点を、法の規定の仕組みがどうなっているかを考えて解釈しなければならない。

⑦　根拠法令の趣旨および目的

　根拠法令の趣旨および目的を検討して、原告が根拠法令の保護している範囲内に入っているか否かを検討する。この場合に、関連法令の趣旨

および目的も参酌する。

　関連法令と根拠法令との目的の共通性は、目的規定の文言だけでなく、法令の趣旨や法体系上の位置付けも考慮すべきである。ただ、何を関連法令とするかは、厳しく解釈する裁判例もあれば、柔軟に解釈する裁判例もあり、範囲は必ずしも定まっていない。

　場外車券売場設置許可取消訴訟[5]では、根拠法令である自転車競技法を検討するに際して同法施行規則を関連法令として捉え、それに基づいて原告適格を判断している。

　このように、ある法律についての関連法令としてその施行規則をあげるのはわかりやすい例といえよう。しかし、裁判例の中には、このようなわかりやすい範囲を超えて、対象となる法律をより細かく分析し、関連法令を柔軟に解釈したものもある。

　高架化事業認可処分の取消しの訴えについて沿線住民の原告適格を認めた小田急線高架化事業認可取消訴訟[6]では、認可処分の根拠法令である都市計画法の趣旨目的を検討し、同法13条１項が当該都市に公害対策計画が定められているときには都市計画はこれに適合したものでなければならないとしていることから、公害対策計画の根拠法令である公害対策基本法も「関連法令」として取り込み、その趣旨および目的を検討している。これは柔軟に解釈した例である。

エ　当該処分において考慮されるべき利益の内容および性質

　次に、当該処分において考慮されるべき利益の内容および性質を検討する。その際、当該処分または裁決がその根拠となる法令に違反してされた場合に害されることとなる利益の内容および性質ならびにこれが害される態様および程度をも勘案する。

　この際には、害されることとなる利益が（反射的なものでなく）直接的具体的かどうか、一般的公益に吸収解消されないかを検討する。

---

5 ）最判平成21・10・15民集63巻８号1711頁。
6 ）最大判平成17・12・７民集59巻10号2645頁。

上記小田急線高架化事業認可取消訴訟では、害されることとなる利益の内容として、「事業に起因する騒音、振動等による被害を直接的に受けるのは、事業地の周辺の一定範囲の地域に居住する住民に限られ、その被害の程度は、居住地が事業地に接近するにつれて増大するものと考えられる。また、このような事業に係る事業地の周辺地域に居住する住民が、当該地域に居住し続けることにより上記の被害を反復、継続して受けた場合、その被害は、これらの住民の健康や生活環境に係る著しい被害にも至りかねないものである」として、これは一般的公益に吸収解消されない利益であると判断している。

　以上の通り、原告適格については詳細な法令の解釈が必要となるので、裁判例を参考にして慎重に検討すべきである。

6 ＊ まとめ

① 不利益処分の取消訴訟

【訴訟物】

行政処分の違法一般

【訴訟要件】

i	処分がされたこと（処分性）
ii	原告が処分の取消しを求めるにつき法律上の利益を有すること
iii	処分を取り消すことによって原告が現実に法律上の利益を受けること（狭義の訴えの利益）

iv 　処分があったことを知った日から6カ月以内に本訴訟を提起したこと（不服申立前置ではない場合・行訴法14条1項）

　　　　　　OR

　処分があったことを知った日から6カ月経過後に本訴訟を提起したことに正当な理由があること（不服申立前置ではない場合・同法14条1項ただし書）

　　　　　　OR

　① 　処分について審査請求等がされたこと

　② 　①の審査請求等に対する裁決があったことを知った日から6カ月以内に本訴訟を提起したこと（同法14条3項）

　　　　　　OR

　① 　処分について審査請求等がされたこと

　② 　①の審査請求等に対する裁決があったことを知った日から6カ月経過後に本訴訟を提起したことに正当な理由があること（同法14条3項ただし書）

v 　【不服申立前置ではない場合】

　処分の日から1年以内に本訴訟を提起したこと（行訴法14条2項）

　　　　　　OR

　処分の日から1年経過後に本訴訟を提起したことに正当な理由があること（同法14条2項ただし書）

　　　　　　OR

　① 　処分について審査請求等がされたこと

　② 　①の審査請求等に対する裁決の日から1年以内に本訴訟を提起したこと（同法14条3項）

OR
① 処分について審査請求等がされたこと
② ①の審査請求等に対する裁決の日から１年経過後に本訴訟を提起したことに正当な理由があること（同法14条３項ただし書）

vi 【不服申立前置の場合】
処分についての審査請求等に対する裁決がされたこと（行訴法８条１項ただし書）

OR

処分についての審査請求等がされた日から３カ月を経過しても裁決がないこと（同法８条２項１号）

OR

処分、処分の執行又は手続の続行により生ずる著しい損害を避けるため緊急の必要があること（同法８条２項２号）

OR

処分についての審査請求等に対する裁決を経ないことに正当な理由があること（同法８条２項３号）

【要件事実】

【請求原因　Ｋｇ】	【抗弁　Ｅ】
あ　処分がされたこと	カ　処分が適法であること
い　「あ」の処分が違法であるとの　主張	キ　事情判決を　すべきであること
う　（裁量処分の場合）　裁量権逸脱・濫用の評価根拠事実	

② 　申請不許可処分の取消訴訟

【訴訟物】

①に同じ

【訴訟要件】

①に同じ

【要件事実】

【請求原因　Ｋｇ】	【抗弁　Ｅ】
あ　処分がされたこと	カ　事情判決を　すべきであること
い　「あ」の処分が違法であるとの　主張（申請が要件を満たし、　許可されるべきとの主張）	
う　（裁量処分の場合）　裁量権逸脱・濫用の主張	

第3章

裁決の取消しの訴えの要件事実

城石　惣

1 ＊ 裁決の取消しの訴えの特徴

　裁決の取消しの訴えとは、審査請求その他の不服申立て（以下「審査請求」という）に対する行政庁の裁決、決定その他の行為（以下単に「裁決」という）の取消しを求める訴訟をいう（行訴法3条3項）。

　裁決も処分であるが、以下にみる通り、処分の取消しの訴えと裁決の取消しの訴えとの関係について原処分主義が採用されているため（同法10条2項）、処分の取消しの訴えと区別して規定されている。

2 ＊ 原処分主義

　行訴法は、処分の取消しの訴えと裁決の取消しの訴えとの交通整理のため、以下の規定をおいている。

> 10条2項
> 　処分の取消しの訴えとその処分についての審査請求を棄却した裁決の取消しの訴えとを提起することができる場合には、裁決の取消しの訴えにおいては、処分の違法を理由として取消しを求めることができない。

　要するに、処分の取消しの訴えと裁決の取消しの訴えの両者を提起で

　1）ただし、法律によってとくに裁決に争わせること（裁決主義）が定められている場合はこの限りでない。たとえば、電波法96条の2は「この法律又はこの法律に基づく命令の規定による総務大臣の処分に不服がある者は、当該処分についての異議申立てに対する決定に対してのみ、取消しの訴えを提起することができる。」と定めている。この場合には、「処分の取消しの訴え…を提起することができる場合」（行訴法10条2項）に該当しないため、裁決の取消しの訴

図1

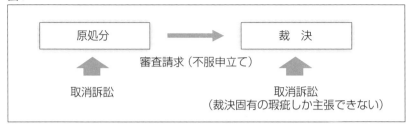

きるときは、原則として処分の取消しの訴えを提起すべきであって（原処分主義）、裁決の取消しの訴えにおいては、裁決にのみ存在する瑕疵（裁決固有の瑕疵）だけを主張できるというわけである[1]。

　なお、原処分の内容を修正した場合、たとえば、公務員に対する停職処分を減給処分に変更した場合（国公法92条1項参照）の扱いについては、最高裁は、修正された内容の処分が存続するものとみて、原処分を争うべきとした[2]。

　このように、原処分を争うべきか、裁決を争うべきか判断が容易でない場合もあることから、行訴法は、裁決の取消しの訴えを提起した後に、原処分の取消しの訴えを提起できることとし、後者の出訴期間については、裁決の取消しの訴えを提起したときに提起したものとみなすこととしている（行訴法20条）。

3 ＊ 裁決の取消しの訴えの要件

3－1……請求原因

　裁決の取消しの訴えの訴訟要件は、基本的には処分の取消しの訴えの訴訟要件と共通するため、第2部第2章138頁以下を参照されたい。

えにおいて、原処分の違法を理由として取消しを求めることができることになる。
2）最判昭和62・4・21民集41巻3号309頁。

なお、本案要件については、すでに述べた通り、原処分主義に基づき、裁決固有の瑕疵しか主張できないことに注意が必要である（行訴法10条2項）。

　裁決固有の瑕疵とは、裁決の違法事由のうち、原処分の違法についての判断に関する部分を除くもので、①裁決主体に関する瑕疵（裁決権限のない者が裁決をした場合、裁決主体の構成手続に瑕疵がある場合など）、②裁決手続に関する瑕疵（口頭意見陳述権（行審法31条）を侵害した場合、書類の閲覧請求権（行審法38条）を侵害した場合など）、③裁決の形式に関する瑕疵（理由付記の不備など）などと整理することができる。

　裁決固有の瑕疵の有無を判断するにあたっては、裁決の要件（主として手続上の要件）を定める規定の文理にあてはめることになるが、裁決の手続上の要件は、通常、行政庁（裁決庁）の手続上の義務を定める形式になっているから、手続の履践（すなわち裁決が適法であること）を被告側が主張立証すべきと考えられる[3]。したがって、請求原因としては、「裁決がされたこと」および「裁決が違法であるとの主張」で足りる（すなわち、裁決が違法であることを基礎付ける具体的な事実の主張立証までは求められない）と考えられる。

3-2……抗弁

　こちらも処分の取消しの訴えと同様である。

　すでに述べた通り、「裁決が適法であること」については被告側が主張・立証責任を負うことになるので、抗弁となる。

3）条解81頁。

4 ＊ まとめ

【訴訟物】

裁決の違法性一般

【訴訟要件】

ⅰ	原告が裁決の取消しを求めるにつき法律上の利益を有すること（原告適格）
ⅱ	裁決を取り消すことによって原告が現実に法律上の利益を受けること（狭義の訴えの利益）
ⅲ	裁決があったことを知った日から6カ月以内に本訴訟を提起したこと（行訴法14条1項） 　　　OR 　裁決があったことを知った日から6カ月経過後に本訴訟を提起したことについて正当な理由があること（同法14条1項ただし書） 　　　OR 　①　裁決について審査請求等がされたこと 　②　①の審査請求等に対する裁決があったことを知った日から6カ月以内に本訴訟を提起したこと（同法14条3項） 　　　OR 　①　裁決について審査請求等がされたこと 　②　①の審査請求等に対する裁決があったことを知った日から6カ月経過後に本訴訟を提起したことについて正当な理由があること

（行訴法14条３項ただし書）

iv　裁決の日から１年以内に本訴訟を提起したこと（行訴法14条２項）
　　　　OR
　　　裁決の日から１年経過後に本訴訟を提起したことについて正当な理由があること（同法14条２項ただし書）
　　　　OR
①　裁決について審査請求等がされたこと
②　①の審査請求等に対する裁決の日から1年以内に本訴訟を提起したこと（同法14条３項）
　　　　OR
①　①裁決について審査請求等がされたこと
②　①の審査請求等に対する裁決の日から１年経過後に本訴訟を提起したことについて正当な理由があること（同法14条３項ただし書）

【要件事実】

【請求原因　Ｋg】	←	【抗弁　Ｅ】
あ　裁決がされたこと い　「あ」の裁決が違法であるとの主張		カ　裁決が適法であること キ　事情判決をすべきであること

第4章

無効等確認の訴えの要件事実

城石　惣

1 ＊ 無効等確認の訴えの特徴

　無効等確認の訴えとは、処分（もしくは裁決）の存否またはその効力の有無の確認を求める訴訟をいう（行訴法3条4項）。「存否」の確認（処分がその成立要件を欠いており不存在であるかどうか）と「効力の有無」の確認（成立した処分が無効であるかどうか）を内容とするため、無効「等」確認訴訟とされているわけであるが、「存否」と「効力の有無」を区別する実益は乏しいため、以下ではとくに区別することなく説明する。

　処分の取消しの訴えを提起する場合、原告は出訴期間内に訴えを提起しなければならず（同法14条）、出訴期間経過後に提起された訴訟は不適法として却下されることになる。こうした原則の例外として、処分が重大な違法性を有しており、無効である場合には、出訴期間経過後でも処分を争う方法が存在する。具体的には、無効等確認の訴え、実質的当事者訴訟、民事訴訟（争点訴訟）の三つであるが、無効等確認の訴えについては、「現在の法律関係に関する訴えによって目的を達成することができないものに限り、提起することができる」（同法36条）と定められており、他の二つの訴訟では目的が達成されないような場合の、補充的な方法として位置付けられている（「補充性要件」とよばれている）[1]。

1）民事訴訟法上、確認訴訟は、紛争解決に実質的に役立つ場合にしか提起できず（第1部第1章14頁）、原則として「現在の法律関係の確認」を対象とすべきと考えられているところ、処分はいずれも過去に行われたものであるので、無効等確認の訴えは、過去の事実の確認を求めるものであって、この原則に反することになる。そのため、第一次的には「現在の法律関係に関する訴え」（実質的当事者訴訟または民事訴訟）を提起すべきとし、これでは目的が達成

図1

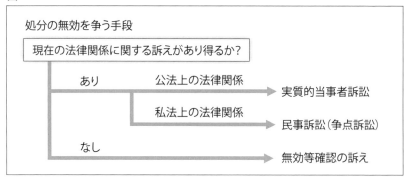

2 ＊ 無効等確認の訴えの要件

2－1……訴訟要件

（1） 処分がされたこと（処分性）

　無効等確認訴訟によって争えるのは処分または裁決であるから（行訴法3条4項）、訴訟要件として、「処分がされたこと」（処分性）が要求される。

（2） 原告適格（① OR ②）

　無効等確認訴訟においても、訴訟要件として原告適格が要求されるが、無効等確認訴訟における原告適格を定めた行訴法36条には次のように規定されている。

　（A）当該処分または裁決に続く処分により損害を受けるおそれのある者（B）その他当該処分又は裁決の無効等の確認を求めるにつき法律上の利益を有する者で、（C）当該処分若しくは裁決の存否

されないような場合に限って、無効等確認の訴えを提起することができるものとされているのである。

又はその効力の有無を前提とする現在の法律関係に関する訴えによつて目的を達することができないものに限り、提起することができる。

（C）は、すでに述べた補充性要件である。この条文の解釈には争いがあり、文言上は（A）と（B）全体に（C）が掛かるように思えるが（一元説）、判例は、（C）は（B）にのみ掛かるとする立場（二元説）を採用していると考えられている[2]。

二元説を前提として、原告適格の要件を整理すると、以下のようになる。

【①か②のどちらかを満たす必要がある】
① （予防訴訟）[3]
原告が（1）の処分に続く処分により損害を受けるおそれのある者であること（A）

OR

② （補充訴訟）[4]
　i　原告が（1）の処分の無効の確認を求めるにつき法律上の利益を有する者であること（B）

AND

　ii　（1）の処分が無効であることを前提とする現在の法律関係に関する訴えによって目的を達することができないこと（C）

二元説によれば、補充性要件なしに予防訴訟を提起できることになることが理解できただろうか。

②iiの「現在の法律関係に関する訴え」とは、実質的当事者訴訟また

2）日本行政書士会連合会中央研修所監修『行政書士のための行政法　第2版』（日本評論社、2016年、以下「行政書士」という）125頁参照。
3）予防訴訟とは、将来生じうる不利益を防止する手段としてのものである。たとえば、建物の除却命令が無効であるにもかかわらず強制執行が予想されるような場合である。除却命令に対する無効等確認の訴えを提起し、その執行停止を求めることになる。

は民事訴訟（争点訴訟）であり、無効な懲戒免職処分を受けた公務員に
よる地位確認訴訟や、収用裁決の無効を前提とする所有権確認訴訟など
がこれに該当する。

　②ⅱの「目的を達することができない」の意味については、争いはあ
るが、判例は、「当該処分の無効確認を求める訴えのほうがより直截的
で適切な訴訟形態」であればよいとの考えに立っている[5]。民事訴訟な
どで法律構成できれば常にそちらによるべきであって無効等確認の訴え
は排除される、というような形式的な解釈は採用されておらず、柔軟に、
無効等確認の訴えの提起を許容しているのである。

（3）狭義の訴えの利益

　無効等確認の訴えを提起し、追行するためには、訴訟要件として、
「処分の無効を確認することによって原告が現実に法律上の利益を受け
ること」（狭義の訴えの利益）が要求される。

2－2……要件事実

　無効等確認の訴えは、「処分若しくは裁決の存否又はその効力の有無
の確認」を求める訴訟であるから（行訴法3条4項）、「処分が無効であ
ること」が本案要件となる。

　どのような場合に処分が無効であるといえるのかは解釈問題であり、
行政処分の無効と取消しの区別として議論されており、その一部を紹介
する。

　　行政行為に公定力が認められ、瑕疵があってもただちに無効とさ
　れず、権限ある国家機関が正式に取り消すまでは有効扱いされるの
　は、……瑕疵の有無については、専門の機関の責任ある判断に委ね、
　専門機関が瑕疵を認めて正式にこれを取り消すまでは、何人も行政

4）補充訴訟とは、無効等確認の訴えを補充的な救済手段として認めるものである。たとえば、
申請に対する拒否処分を受けたが、出訴期間を経過してしまったような場合である（これにつ
いて実質的当事者訴訟または民事訴訟で争うべきとは考えられていない）。
5）行政書士125-126頁。たとえば、最判平成4・9・22民集46巻6号1090頁は、高速増殖炉
もんじゅの原子炉設置許可について付近住民が許可処分の無効等確認訴訟を提起した事件であ

行為を尊重すべきこととし、行政法秩序の安定を期しているのである……。

　公定力の根拠をこのように考えると、行政行為が当該行為の根幹にかかわる重要な要件に違反しており、しかもそのことが客観的に疑う余地のないほど明白であれば、あえて専門の機関の判断をまつまでもなく、瑕疵の認定を通常人の判断（具体的には通常人を代表する民事い裁判官の判断）に委ねてもまずあやまることはない。行政法秩序を不安定にするおそれはないと考えられる。したがって、行政行為に重大な瑕疵があり、その瑕疵が通常人の目からみても一見して容易に看取できるときには、これを例外的に無効と扱い、その認定を通常の裁判手続に委ねても差し支えないとするのである[6]。

　通説的な見解によれば、処分が無効となるのは、処分に重大かつ明白な違法がある場合であると理解されており（重大明白性説）[7]、その主張立証責任は原告にあると考えられている[8]。取消訴訟における処分の違法に関する主張立証責任との違いに注意が必要である（第2部第2章136頁参照）。

　以上の通り、「処分に重大かつ明白な違法があること」が請求原因となるわけであるが、「重大かつ明白な違法があること」は事実を基にした規範的評価であるので、「処分に重大かつ明白な違法があることについての評価根拠事実」が請求原因となると考えられる。

　取消訴訟と同様、処分時を基準に判断する。

2-3……抗　弁

　すでに述べた通り、「処分に重大かつ明白な違法があることについての評価根拠事実」が請求原因となり、「処分に重大かつ明白な違法があ

るが、民事訴訟（人格権に基づく差止請求訴訟）は処分の効力の有無を前提としたものではなく、無効等確認訴訟と比較して紛争解決のための争訟形態としてより直截的で適切なものであるともいえない旨判示している。

6）原田・行政法180頁。

7）「明白」とは、何人の判断によってもほぼ同一の判断に到達し得る程度に明らかなことを

ることについての評価障害事実」が抗弁となると考えられる。

3 ＊ まとめ

【訴訟物】

処分等の重大かつ明白な違法性一般

【訴訟要件】

i　処分がされたこと（処分性）

ii　原告適格（① or ②）
①（予防的無効確認訴訟）
　　原告が i の処分に続く処分により損害を受けるおそれのある者であること

　　　　　　OR

②（補充的無効確認訴訟）
　　原告が i の処分の無効の確認を求めるにつき法律上の利益を有する者であること

　　　　　　AND

　　i の処分が無効であることを前提とする現在の法律関係に関する訴えによって目的を達することができないこと（無効等確認訴訟のほうがより直截的で適切な訴訟形態であること）

iii　i の処分の無効を確認することによって原告が現実に法律上の利益を受けること（狭義の訴えの利益）

いう（最判昭和37・7・5民集16巻7号1437頁）。なお、租税事件に関する最判昭和48・4・26民集27巻3号629頁は、課税処分の存在を信頼する第三者の保護を考慮する必要のないこと等から、明白性の要件を不要としている。
8）最判昭和34・9・22民集13巻11号1426頁。

【要件事実】

【請求原因　Kg】 【抗弁　E】

あ　処分がされたこと
い　「あ」の処分に重大かつ明白な
　　違法があることについての
　　評価根拠事実

カ　「あ」の処分に重大かつ明白な
　　違法があることについての
　　評価障害事実

第5章 ────────────────────

不作為の違法確認の訴えの要件事実

城石　惣

1 ＊ 不作為の違法確認の訴えの特徴

　不作為の違法確認の訴えとは、行政庁が、法令に基づく申請に対し、相当の期間内に何らかの処分または裁決をすべきであるにかかわらず、これをしないことについての違法の確認を求める訴訟をいう（行訴法3条5項）。許認可などの申請をしたのに、行政庁が不相当に長期にわたって諾否の決定をせず申請を放置している場合に、その不作為状態の違法を確認し、事務処理の促進をはかることを目的とする訴訟である。

　なお、このような場合、行政庁に対し許認可をせよとの義務付けの訴えを行う方が端的な救済方法であることが多く、義務付けの訴えの提起も検討すべきである。

2 ＊ 不作為の違法確認の訴えの要件

2－1……訴訟要件

（1）原告適格

　不作為の違法確認の訴えは、行政庁の不作為一般を審理対象とするものではなく、「法令に基づく申請」に対する不作為に限定されている。

3条（抗告訴訟）

5　この法律において「不作為の違法確認の訴え」とは、行政庁が法令に基づく申請に対し、相当の期間内に何らかの処分又は裁決をすべきであるにかかわらず、これをしないことについての違法の確認を求める訴訟をいう。

37条（不作為の違法確認の訴えの原告適格）

　不作為の違法確認の訴えは、処分又は裁決についての申請をした者に限り、提起することができる。

　したがって、訴訟要件として[1]、「原告が、法令に基づき処分についての申請をしたこと」が要件となる。

　ここで、「法令に基づく申請」とは、法令によって申請制度が設けられていること（私人から見ると、申請権が認められていること）であるが、申請権が法の明文で規定されることは必ずしも必要ではなく、法令の解釈上認められれば「法令に基づく」に該当すると考えられている[2]。

　また、「申請をした者」（行訴法37条）とは、現実に申請をした者であり、申請の適法・不適法は問わないと考えられている。手続上不適法であっても、行政庁は申請に応答（却下）する法的義務があるからである。

　なお、不作為の違法確認の訴えも抗告訴訟の一類型であり、訴訟要件として、申請された行政庁の行為が処分性を有することが必要であるが（したがって、私法上の行為の不作為について、不作為の違法確認の訴えを提起することはできない）[3]、法令が処分を申請する制度を設けていることが前提となるので、処分性は取り立てて問題とはならず[4]、本要件に吸収されることになると考えられる。

1）本要件が本案要件か訴訟要件かは争いがあるが、判例や多数の学説は訴訟要件と位置付けている。訴訟要件とする見解の中でも、原告適格とするものや、訴えの対象に関する訴訟要件とするものがあるが、行訴法37条の条文の通り、本文では原告適格と位置付けている。

2）要綱や内規に基づく申請でもよいとする見解もある（橋本博之『現代行政法』（岩波書店、2017年）212頁）。

（2）狭義の訴えの利益

　不作為の違法確認の訴えを提起し、追行するためには、訴訟要件として、「不作為の違法を確認することによって原告が現実に法律上の利益を受けること」（狭義の訴えの利益）が要求される。明文規定はないが、訴訟提起の後に処分がなされた場合などには、訴えの利益が消滅したとして、訴訟は却下される[5]。

2-2……要件事実

　不作為の違法確認の訴えは、「相当の期間内に何らかの処分又は裁決をすべきであるにかかわらず、これをしないことについての違法の確認」を求める訴訟なので（行訴法3条5項）、本案要件として、「相当の期間の経過」が要求される。

　「相当の期間」とは、行政庁が当該処分をするのに通常必要とされる期間である。行手法6条に基づいて標準処理期間が定められている場合、これがただちに「相当の期間」となるとは限らないが、重要な考慮要素となり得る。

　不作為の違法確認の訴えは、不作為の違法状態を排除することを目的とするものであるから、取消訴訟等とは異なり、本案要件の判断基準時は、口頭弁論終結時である[6]。

2-3……抗弁・再抗弁

　また、相当の期間を経過した場合であっても、これを正当とする特段の事情があれば、不作為の違法性は阻却される[7]。したがって、「相当の期間が経過したことを正当とする特段の事情」が抗弁となる。具体的には、たとえば、行政指導中で、それが相当と認められる方法により真摯に行われており、円満な解決が期待できること等を主張・立証するこ

　3）最判昭和47・3・17民集26巻2号231頁。
　4）室井力ほか編「コンメンタール行政法2（第2版）」（日本評論社、2006年）387頁。
　5）拒否処分がなされた場合には、取消訴訟ないし義務付け訴訟によってさらに争うことになる。
　6）条解743頁。

とになる[8]。

3 ＊ 不作為の違法確認の訴えの限界

不作為の違法確認の訴えの認容判決に対しては、何らかの応答がなされればよいことになるので、行政庁としては拒否処分をすることも考えられ、その場合、さらにこの拒否処分を争って処分取消しの訴えを提起しなければならない。その意味では迂遠な制度であり、ここに不作為の違法確認の訴えの限界があるといえる。

冒頭に述べた通り、行政訴訟制度改革において、より直截的な救済手段として、義務付けの訴え（行訴法3条6項）が法定されているので、義務付けの訴えの提起も積極的に検討すべきである。

4 ＊ まとめ

【訴訟要件】

ⅰ	原告が、法令に基づき処分についての申請をしたこと（行訴法37条）
ⅱ	不作為の違法を確認することによって原告が現実に法律上の利益を受けること（狭義の訴えの利益）
ⅲ	処分がないこと（狭義の訴えの利益）

7）条解742頁。
8）これに対して、たとえば、行政指導に応ずる意思のないことを明確にして、本来の処分を求めているなどとして反論することになる。

【要件事実】

| 【請求原因　Kg】 | ← | 【抗弁　E】 |
| あ　申請に対し、相当の期間を経過したこと | | カ　「あ」を正当とする特段の事情 |

第6章

義務付けの訴えの要件事実

野中英匡

1 ＊ 序論

　義務付け訴訟は、2004（平成16）年の行政事件訴訟法改正により、差止訴訟とともに、抗告訴訟の一つとして法定された訴訟類型である。

　そのため、裁判事例の蓄積も十分に進んでいないことから、義務付け訴訟の要件事実について議論が十分になされている状況とはいえない。

　また、行政事件訴訟法における義務付け訴訟に関する各規定は、訴訟要件等の訴訟手続に関する規定（行訴法37条の２第１項および３項、37条の３第１項ないし３項、同条５項前段）や裁判官の判断基準に関する規定（同法37条の２第２項）のほか、義務付け判決が認められるための実体要件に関する規定（同法37条の２第５項、37条の３第５項後段）なども混在しており、複雑な条文構造となっている。

2 ＊ 義務付け訴訟の類型

　義務付け訴訟には、大別して①申請型義務付け訴訟（行訴法３条６項２号）と②非申請型義務付け訴訟（同項１号）の二つの類型がある。

　原告として義務付け訴訟を提起しようとする場合に、提起しようとしている義務付け訴訟が①申請型義務付け訴訟なのか、②非申請型義務付け訴訟なのかという類型を正確に見極めることが重要となってくる[1]。

１）裁判例でも、原告が、出入国管理法50条１項の在留特別許可の義務付けを求める訴訟を①申請型義務付け訴訟として提起したところ、一審判決（東京地判平成20・２・29判時2013号61頁）では、原告の構成どおり、本件訴えを①申請型義務付け訴訟と解した上で、行政庁に対して当該義務付けを命じる認容判決となった。しかし、これを不服とした行政庁が控訴した控訴審判決（東京高判平成21・３・５裁判所ウェブサイト）では、本件訴えを②非申請型義務付け

図1

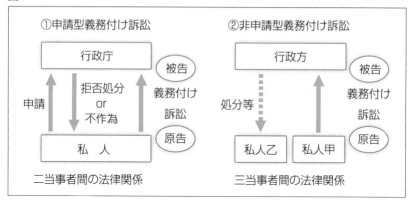

2−1……①申請型義務付け訴訟

　法令に基づき何らかの処分または裁決（以下「処分等」という）を申請する権利を有する私人が、行政庁に対して一定の処分等を求める旨の申請をしたにもかかわらず、当該申請が拒否されたり、不作為状態が続いているような場合に、裁判所に対し、当該申請に対応する処分等を行うよう義務付けを求める訴訟類型である（行訴法3条6項2号）。

　たとえば、私人が行政庁に対して営業許可申請をしたところ、行政庁が何らの回答もしないまま放置している場合や、申請が却下された場合に、不作為の違法確認訴訟や却下処分の取消訴訟を提起するのではなく、義務付け訴訟を裁判所に提起して、直接行政庁に対して申請を認容するよう義務付ける内容の判決を求めることができる。このような義務付け訴訟という訴訟類型を認めないと、不作為の違法確認訴訟を提起して原告が勝訴しても、必ずしも原告の求める営業許可がおりることにはならないし、却下処分等に対して取消訴訟を提起して勝訴しても、再び却下

訴訟と判断した上で当該義務付けを否定し、一審判決を覆す判決が出されるということも起きている。

処分等が反復されてしまうおそれがあり、私人の実効的な権利救済をはかることができないからである。

このように申請型義務付け訴訟は、処分等を申請する権利を有する私人が行政庁に対して一定の処分等を求める旨の申請をすることが前提となっていることから、**図**1のように、私人と行政庁の二当事者間の法律関係が問題となる。

申請型義務付け訴訟は、行政事件訴訟法の条文構造上、さらに、申請等に対して行政庁の不作為状態が継続しているア．不作為継続型（37条の3第1項1号）と、棄却処分等の行政庁の判断が先行しているイ．棄却処分等先行型（同項2号）の二つに類型化することができる。

両者は、要件の点で厳しさに違いはないが、後述するように、併合提起すべき訴訟類型が異なっている（同条3項）。

2-2……②非申請型義務付け訴訟

私人による行政庁に対する何らかの申請等を前提とせずに、行政庁が一定の処分等をすべきであるにもかかわらず処分等をしないときに、行政庁に対して当該処分等をすべき旨を命じることを裁判所に求める訴訟類型である（行訴法3条6項1号）。

たとえば、私人乙が所有する違法建築物が危険な状態にあるにもかかわらず、行政庁が何らの対応もしない場合に、近隣住民の私人甲が義務付け訴訟を裁判所に提起して、直接行政庁に対して除却命令を出すように義務付ける内容の判決を求めることができる。

このように非申請型義務付け訴訟は、私人からの申請等を前提とするものではなく、行政庁がある私人に対して何らかの処分等をすべきであるにもかかわらずこれをしない場合に、他の私人が当該処分等の発動を求めるものが典型例となっていることから、**図**1のように、私人甲と私

人乙、行政庁の三当事者間の法律関係が問題となる。

3 ＊ 訴訟物

　義務付け訴訟は比較的新しい訴訟類型であるため、訴訟物に関する議論もそれほど蓄積されているわけではないが、本書では、第2部第1章（129頁）で述べたように、義務付け訴訟を形成訴訟と位置付け、その場合の訴訟物を行政庁が一定の処分をしないことの違法一般と解することとする。

　この場合の違法一般の内容としては、上述したように、行政事件訴訟法における義務付け訴訟に関する各規定の中には、義務付け判決が認められるための実体要件に関する規定（37条の2第5項、37条の3第5項後段）も存在していることから、当該実体要件、すなわち、行政庁に対して何らかの処分等をすべき義務を形成するために必要な形成要件（形成原因）の存否ということになる。

4 ＊ ①申請型義務付け訴訟の要件事実

4－1……訴訟要件

> ⅰ　法令に基づく申請等に対して行政庁が相当の期間内に何らかの処分等をしないこと（行訴法37条の3第1項1号）
>
> 　　　　　　OR
>
> 　法令に基づく申請等を却下・棄却する旨の処分等がされた場合に、当該処分等が取り消されるべきものであるか、無効または不存在であること（同項2号）

ii	原告が、法令に基づく申請等を行った者であること（同条2項）
iii	iの1号の場合（不作為先行型）に義務付け訴訟を提起する場合には、不作為の違法確認訴訟を併合提起すること（同条3項1号） OR iの2号の場合（棄却処分等先行型）に義務付け訴訟を提起する場合には、取消訴訟または無効等確認訴訟を併合提起すること（同項2号） OR iの2号の場合（棄却処分等先行型）に、原処分に関する一定の裁決をすべきことを上級行政庁に対して命ずる義務付け訴訟を提起する場合には、原処分について取消訴訟または無効等確認訴訟を提起することができないこと（同条7項）
iv	iiiにより義務付け訴訟とともに併合提起された不作為の違法確認訴訟、または取消訴訟もしくは無効等確認訴訟について理由があると認められること（同条5項前段）

（1）総論

　要件事実とは、実体法上の一定の法律効果が発生するために必要な具体的事実（主要事実）であるから、上記iないしivの義務付け訴訟を提起・維持するための要件は、訴訟要件であり要件事実ではない。

　ところで、上記ivの訴訟要件については、不作為の違法確認訴訟や取消訴訟、無効等確認訴訟についての本案勝訴要件が規定されており、一

見すると、かかる要件も要件事実であるかのように思える。しかし、かかる本案勝訴要件は、義務付け訴訟の本案勝訴要件ではなく、あくまでも義務付け訴訟とともに併合提起された不作為の違法確認訴訟等の本案勝訴要件であるし、行訴法37条の3第1項2号は、法令に基づく原告の申請等を却下または棄却した処分等が、取り消されるべきものであるか、無効もしくは不存在でなければ義務付け訴訟を提起できないとしていることから、同条5項前段は訴訟要件と解することとする[2]。

なお、不作為先行型の義務付け訴訟の場合には、申請等に対して行政庁が相当の期間内に何らの処分等をしないときに提起することができると規定されているにとどまるから（行訴法37条の3第1項1号）、併合提起される不作為の違法確認訴訟（同条3項1号）に理由があると認められること（本案勝訴要件）までは必要ないのではないかが問題となる。しかし、同じ申請型義務付け訴訟である不作為先行型と棄却処分等先行型とで、訴訟要件を別異に解すべき理由がないこと、行政庁が相当期間内に何らの処分等をしない場合とは、行政庁に処分等をしない何らかの正当な理由がない限り、不作為状態が違法であることを前提としているといえることから、不作為先行型の義務付け訴訟において、併合提起された不作為の違法確認訴訟について本案勝訴要件を充足していることも、訴訟要件と解するのが妥当である。

（2）各論

以下、ⅰないしⅳの各訴訟要件について説明する。

訴訟要件ⅰは、それぞれ前述した申請型義務付け訴訟の類型である不作為先行型と棄却処分等先行型にそれぞれ対応している。

訴訟要件ⅱは、原告適格の一種といえる。

訴訟要件ⅲについて、取消訴訟等の併合提起が訴訟要件となっているのは、義務付け訴訟の審理には長期間かかることが予想されるため、義

2）裁判例も、「義務付けの前提となる処分又は裁決の違法性を明らかにし、取消訴訟又は無効等確認の訴えと義務付けの訴えとの判断の抵触を避けるために、取消訴訟又は無効等確認の訴えの本案勝訴要件が満たされていることを、義務付けの訴えを提起するにあたっての訴訟要件としたものである。したがって、行政庁がした処分又は裁決に係る取消訴訟又は無効等確認の訴えが却下又は棄却の判断を受ける場合には、当該義務付けの訴えは訴訟要件を欠くことに

務付け訴訟の審理の途中であっても取消判決等をただちに行えるように
し、その段階で中間的な裁判所の判断を示してしまうことで（同条６
項）、その拘束力により紛争が迅速に解決されることが期待できるから
であるとされている[3]。

　なお、義務付け訴訟と処分等の取消訴訟のいずれか一方が先行して提
起されている場合に、行訴法19条１項に基づき事後的に他方の訴訟を併
合提起することも許されると解されている[4]。

　訴訟要件ivについては、上記（１）において述べた通りである。

4－2……要件事実

（１）請求原因

> ⅰ　被告行政庁が、原告による申請等に対応した処分等を行わない
> 　　ことが違法であるとの主張
> 　　　　　　　OR
> 　　被告行政庁が、原告による申請等に対応した処分等を行わない
> 　　ことが、裁量権の逸脱・濫用であること（行訴法37条の３第５
> 　　項後段）

　㋐　行訴法37条の３第５項後段は、①申請型義務付け訴訟の本案勝訴要
件として、原告からの申請等に対し、行政庁が処分等をすべきことが当
該処分等の根拠法令の規定から明らかであると認められるとき、または、
行政庁が処分等をしないことがその裁量権の逸脱・濫用と認められると
きには、裁判所は、当該行政庁に対し、当該処分等をすべき旨を命ずる
義務付け判決をすべきことを規定している。

　要件事実ⅰのうち、①行政庁が処分等をすべきことが当該処分等の根

なる。」（東京地判平成24・２・９税務訴訟資料262号順号11875。なお、この訴訟は、最高裁ま
で上告されたが、地裁・高裁の判断を支持して確定している）と判示するなど、概ね訴訟要件
と解しているようである（このほかに東京地判平成24・11・７労判1067号18頁等）。
３）宇賀克也『行政法概説Ⅱ（第６版）』（有斐閣、2018年、以下「宇賀・行政法Ⅱ」という）
337頁。

拠法令の規定から明らかであるとは、法令自体が行政庁の効果裁量を明確に否定している羈束処分の場合を念頭に置いているとされており、他方、②行政庁の裁量処分に対して義務付け判決がなされるのは、裁量権の消極的濫用によって権限の不行使が違法になる場合とされている[5]。

㋑　①は、行政庁の効果裁量を認めない羈束処分であるから、当該処分等の適法性については被告行政庁側が立証責任を負うこととなる。したがって、原告は、訴訟物を特定するために、訴えの対象たる処分等の存在のほか、当該処分等が行われることが違法であることを主張すれば足りる[6]。後述する通り、処分等の適法性については、被告の抗弁にまわる。

　このように、原告が具体的な違法事由の主張をすることまでは不要とされているが、実務上、訴状において原告が違法性の主張をし、これに対して答弁書以下準備書面において、被告行政庁が処分等の適法性について詳細な主張をするという扱いがなされている。

㋒　他方、②は、当該処分等をすることについて行政庁に一定の裁量権があるものの、当該行政庁が処分等をしないことが裁量権の逸脱・濫用にあたり、権限行使が違法になる場合であり、この場合は、原則として、原告が主張立証責任を負うこととなる[7]。

　したがって、原告は、当該行政庁が処分等を行わないことが裁量権の逸脱・濫用であるという詳細な具体的事実を主張立証していくことになる。

（2）抗弁（処分等の適法性）

> ⅰ　被告行政庁が原告からの申請等に対し、処分等を行わないことが適法であること

4）条解653頁、室井力ほか編『コンメンタール行政法2（第2版）』（日本評論社、2008年）407頁。
5）宇賀・行政法Ⅱ338〜339、342〜343頁。
6）司研・不当労働行為65頁。
7）判例も、裁量処分の無効確認訴訟における主張・立証責任について、「行政庁の裁量に任

図2

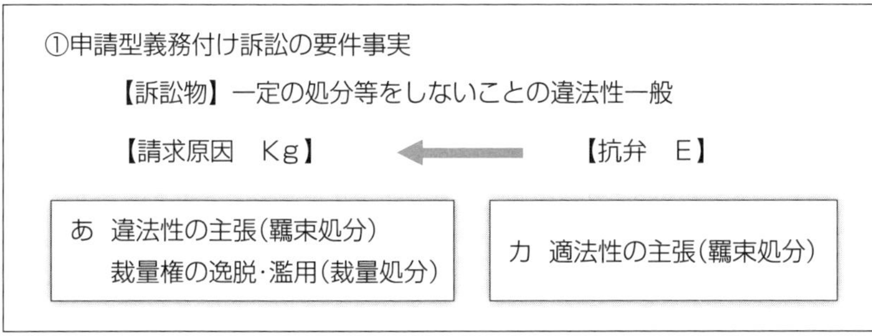

```
①申請型義務付け訴訟の要件事実

    【訴訟物】一定の処分等をしないことの違法性一般

    【請求原因　Kg】 　　←　　　　【抗弁　E】

  ┌─────────────────────┐　　┌─────────────────────┐
  │ あ　違法性の主張（羈束処分）│　　│ カ　適法性の主張（羈束処分）│
  │　　　裁量権の逸脱・濫用（裁量処分）│　│                     │
  └─────────────────────┘　　└─────────────────────┘
```

　①申請型義務付け訴訟においては、請求原因のうち、行訴法37条の3第5項後段記載の行政庁に裁量の余地のない羈束処分の立証責任は被告行政庁側にある。したがって、原告は、請求原因において、申請等に対応した処分等を行わないことが違法であるとの主張さえすれば足りるから、処分等を行わないことの適法性については被告行政庁側の抗弁にまわることになる。

　被告行政庁としては、①処分等を行わないことの適法性について、具体的事実に基づき詳細に主張・立証する必要がある。

　これに対し、同じく同項後段記載の原告の申請等に対応した処分等を行わないことが裁量権の逸脱・濫用であることは、原告に主張・立証責任がある[8]。

5 ＊②非申請型義務付け訴訟の要件事実

5−1……訴訟要件

　ⅰ　一定の処分がされないことにより重大な損害を生ずるおそれが

された行政処分の無効確認を求める訴訟においては、その無効確認を求める者において、行政庁が右処分をするにあたってした裁量権の行使がその範囲を超えまたは濫用にわたり、したがって右行政行為が違法であり、かつその違法が重大明白であることを主張および立証することを要する。」（最判昭和42・4・7民集21巻3号572頁）との判断を示している。
8）原子炉設置許可処分の取消訴訟である伊方原発事件（最判平成4・10・29民集46巻7号

	あること（行訴法37条の2第1項1号前段）	
ii	iの損害を避けるため他に適当な方法がないこと（同項後段）	
iii	iの処分を行う権限が被告行政庁にあること（同条3項）	
iv	原告において、被告行政庁が一定の処分をすべき旨を命ずることを求めるにつき法律上の利益を有すること（同条3項）	

⑦ ②非申請型義務付け訴訟は、法令に基づく申請権を前提とせずに、第三者に対して行政庁の規制権限の発動等を求めるものであるから、①申請型義務付け訴訟と比較して訴訟要件が厳格なものとなっている。

②非申請型義務付け訴訟の訴訟要件は、それぞれ損害の重大性の要件（訴訟要件i）、補充性の要件（訴訟要件ii）、法律上の利益の要件（訴訟要件iv）などともよばれている[9]。

④ 以下、iないしivの各訴訟要件について説明する。

訴訟要件iの重大性の要件を判断するにあたっては、損害の回復の困難の程度を考慮するものとし、損害の性質および程度ならびに処分の内容および性質をも勘案しなければならないとされている（行訴法37条の2第2項）。

重大な損害は、原則として、原告自身に生ずる損害でなければならないが、それと同視できるものであれば第三者に生じる損害でも良いと解される。

訴訟要件iiの補充性の要件である「その損害を避けるため他に適当な方法がないとき」とは、義務付け訴訟に代替する救済ルートが設けられていない場合をいうとされている[10]。

訴訟要件iiiは、法律上明確に規定されていないが、訴訟要件ivの法律

1174頁）において、最高裁は、「被告行政庁がした右判断に不合理な点があることの主張、立証責任は、本来、原告が負うべきものと解されるが、当該原子炉施設の安全審査に関する資料をすべて被告行政庁の側が保持していることなどの点を考慮すると、被告行政庁の側において、まず、その依拠した前記の具体的審査基準並びに調査審議及び判断の過程等、被告行政庁の判断に不合理な点のないことを相当の根拠、資料に基づき主張、立証する必要があり、被告行政

上の利益の要件が、被告行政庁に一定の処分をすべき旨を命じることを求める法律上の利益を原告が有していることである以上、その前提として、被告行政庁に当該処分を行う権限がなければならないから、要件として当然必要となる[11]。

訴訟要件ivは、原告適格のことであるから、原告適格について詳述している本書第2部第2章（150頁）を参照されたい。

5-2……要件事実

（1）請求原因

> i 被告行政庁が処分等を行わないことが違法であるとの主張（行訴法37条の2第5項前段）
>
> OR
>
> 被告行政庁が処分等を行わないことが、裁量権の逸脱・濫用であること（同項後段）

（2）抗弁（処分等の適法性）

> i （行訴法37条の2第5項前段に対して）
> 被告行政庁が処分等を行わないことが適法であること

②非申請型義務付け訴訟の要件事実は、①申請型義務付け訴訟の要件事実と同じであるから、前述した①申請型義務付け訴訟の要件事実の記載箇所を参照されたい。

庁が右主張、立証を尽くさない場合には、被告行政庁がした右判断に不合理な点があることが事実上推認されるものというべきである。」と判旨している。
9）宇賀・行政法Ⅱ341〜342頁。
10）宇賀・行政法Ⅱ342頁。
11）条解638頁。

図3

```
②非申請型義務付け訴訟の要件事実

    【訴訟物】一定の処分等をしないことの違法性一般

    【請求原因　Kg】　　◀━━━━━　　　　【抗弁　E】

┌─────────────────────┐　┌─────────────────────┐
│ あ　違法性の主張（羈束処分）   │　│ カ　適法性の主張（羈束処分）   │
│　　 裁量権の逸脱・濫用（裁量処分）│　│                     │
└─────────────────────┘　└─────────────────────┘
```

6 ＊ まとめ

① 　申請型義務付け訴訟

【訴訟物】

> 一定の処分等をしないことの違法性一般

【訴訟要件】

> i 　法令に基づく申請等に対して行政庁が相当の期間内に何らかの
> 　　処分等をしないこと（行訴法37条の3第1項1号）
> 　　　　　　OR
> 　　法令に基づく申請等を却下・棄却する旨の処分等がされた場合
> 　　に、当該処分等が取り消されるべきものであるか、無効又は不
> 　　存在であること（同項2号）

ii 原告が、法令に基づく申請等を行った者であること（同条2項）

iii iの1号の場合（不作為先行型）に義務付け訴訟を提起する場合には、不作為の違法確認訴訟を併合提起すること（同条3項1号）

      OR

   iの2号の場合（棄却処分等先行型）に義務付け訴訟を提起する場合には、取消訴訟または無効等確認訴訟を併合提起すること（同項2号）

      OR

   iの2号の場合（棄却処分等先行型）に、原処分に関する一定の裁決をすべきことを上級行政庁に対して命ずる義務付け訴訟を提起する場合には、原処分について取消訴訟または無効等確認訴訟を提起することができないこと（同条第7項）

iv iiiにより義務付け訴訟とともに併合提起された不作為の違法確認訴訟、または取消訴訟もしくは無効等確認訴訟について理由があると認められること（同条第5項前段）

【要件事実】

【請求原因　Kg】	【抗弁　E】
あ 違法性の主張（羈束処分） 　裁量権の逸脱・濫用（裁量処分）	カ 適法性の主張（羈束処分）

② 非申請型義務付け訴訟

【訴訟物】

> 一定の処分等をしないことの違法性一般

【訴訟要件】

ⅰ	一定の処分がされないことにより重大な損害を生ずるおそれがあること（行訴法37条の2第1項1号前段）
ⅱ	ⅰの損害を避けるため他に適当な方法がないこと（同項後段）
ⅲ	ⅰの処分を行う権限が被告行政庁にあること（同条3項）
ⅳ	原告において、被告行政庁が一定の処分をすべき旨を命ずることを求めるにつき法律上の利益を有すること（同条3項）

【要件事実】

【請求原因　Kg】		【抗弁　E】
あ 違法性の主張（羈束処分） 　 裁量権の逸脱・濫用（裁量処分）		カ 処分が適法であること 　 （羈束処分）

第7章

差止めの訴えの要件事実

野中英匡

1 ＊ 序 論

　差止訴訟は、行政庁が一定の処分等をすべきでないにもかかわらず、当該処分等がされようとしている場合において、行政庁が当該処分等をしてはならないことを裁判所に対して求める訴訟類型であり（行訴法3条7項）、義務付け訴訟と同様、2004（平成16）年の行政事件訴訟法改正により、抗告訴訟の一類型として法定された。そのため、義務付け訴訟と同様に、いまだ裁判事例の蓄積も十分に進んでおらず、差止訴訟の要件事実に関する議論が十分に尽くされているとはいえない状況である。

　また、行政事件訴訟法における差止訴訟に関する各規定は、義務付け訴訟と同様、訴訟要件等の訴訟手続に関する規定（同法37条の4第1項および3項）や裁判官の判断基準に関する規定（同条2項）のほか、差止判決が認められるための実体要件に関する規定（同条5項）などが混在し、複雑な条文構造となっている。

2 ＊ 訴訟物

　義務付け訴訟の場合と同様、本書では、第2部第1章（129頁）で述べたように、差止訴訟を形成訴訟と位置付け、その場合の訴訟物を行政庁が一定の処分等をしようとすることの違法一般と解することとする。

　この場合の違法一般の内容としては、上述したように、行政事件訴訟

法における差止訴訟に関する各規定の中には、差止判決が認められるための実体要件に関する規定（行訴法37条の4第5項）も存在していることから、当該実体要件、すなわち、行政庁に対して一定の処分等をしてはならないという義務を形成するために必要な形成要件（形成原因）の存否ということになる。

3 ＊ 訴訟要件

i	一定の処分等がなされる蓋然性があること
ii	i の処分等がされることにより重大な損害を生ずるおそれがあること（行訴法37条の4第1項本文）
iii	原告において、被告行政庁に対し、i の処分をしてはならない旨を命ずることを求めるにつき法律上の利益を有すること（同条3項）
iv	（処分の差止めを求める場合）裁決主義が採用されていないこと）

（a）訴訟要件 i については、客観的に見て相当程度の蓋然性が必要であるとされている[1]。蓋然性が必要であるとされている以上、一定の処分等がすでになされてしまった場合には、差し止めるべき対象が存在しなくなってしまうため、訴訟要件を欠くこととなり、訴えは却下される。
（b）訴訟要件 ii について、重大な損害が生じるか否かを判断するにあたっては、損害の回復の困難の程度を考慮するものとし、損害の性質および程度ならびに処分等の内容および性質を勘案するものとされている

1）櫻井敬子ほか『行政法（第6版）』（弘文堂、2019年）337頁。

（行訴法37条の４第２項）。重大な損害は、原則として、原告自身に生ずる損害でなければならないが、それと同視できるものであれば第三者に生じる損害でも良いと解される。

（ｃ）訴訟要件ⅲは、原告適格のことであるから、原告適格について詳述している本書第２部第２章（150頁）を参照されたい。

4 ＊ 要件事実

4-1……請求原因

> ⅰ　被告行政庁が行おうとしている一定の処分等が違法であるとの
>   主張（行訴法37条の４第５項前段）
>   　　OR
>   被告行政庁が一定の処分等を行おうとすることが、裁量権の範
>   囲の逸脱・濫用であること（同項後段）

㋐　①行訴法37条の４第５項は、差止訴訟の本案勝訴要件として、行政庁が一定の処分等をすべきでないことが当該処分等の根拠法令の規定から明らかであるとき（同項前段）、または、行政庁が一定の処分等をすることがその裁量権の逸脱・濫用と認められるときには、裁判所は、当該行政庁に対し、当該処分等をしてはならない旨を命ずる差止判決をすべきことが規定されている（同項後段）。

㋑　義務付け訴訟と同様、前段は、当該処分等の根拠法令自体が行政庁の効果裁量を明確に否定している羈束処分を指しているから、当該処分等の適法性については被告行政庁側が立証責任を負うこととなる。したがって、原告は、訴訟物を特定するために、訴えの対象たる処分等の存

図1

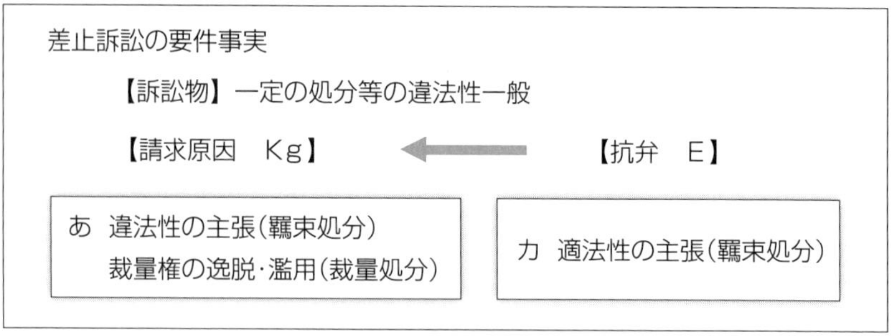

差止訴訟の要件事実

　　　【訴訟物】一定の処分等の違法性一般

　　　【請求原因　Kg】　　←　　　　　【抗弁　E】

　　あ　違法性の主張（羈束処分）　　　　カ　適法性の主張（羈束処分）
　　　　裁量権の逸脱・濫用（裁量処分）

在のほか、当該処分等が行われることが違法であることを主張すれば足りる[2]。

　⑦　他方、後段は、当該処分等をすることについて行政庁に一定の裁量権があるものの、当該行政庁が当該処分等をすることが裁量権の逸脱・濫用にあたり、権限行使が違法になる場合であり、この場合は、原告が主張・立証責任を負うこととなる。

　したがって、原告は、当該行政庁が当該処分等を行うことが裁量権の逸脱・濫用であるという詳細な具体的事実を主張・立証していくことになる。

4-2……抗弁①　処分等の適法性（法37条の4第5項前段に対して）

　i　被告行政庁が行おうとしている処分等が適法であること

（抗弁②　損害を避けるため他に適当な方法があること）
（ａ）抗弁①について、行訴法37条の4第5項前段記載の行政庁に裁量の余地のない羈束処分の立証責任は被告行政庁側にあるから、当該処分

　2）司研・不当労働行為65頁。

等の適法性については抗弁にまわることになる。

　被告行政庁としては、①処分等の適法性について、具体的事実に基づき詳細に主張立証する必要がある。

（ｂ）抗弁②は、行訴法37条の４第１項ただし書の補充性の要件のことである。義務付け訴訟と異なり、差止訴訟における補充性の要件は、原告の請求を妨げる消極的要件であることから、被告に主張・立証責任がある。もっとも、かかる消極的要件の主張は、訴訟要件に関するものであって本案前の主張であるから、厳密な意味での抗弁事実にはあたらない。

5 ＊ まとめ

【訴訟物】

一定の処分等の違法性一般

【訴訟要件】

ⅰ	一定の処分等がなされる蓋然性があること
ⅱ	ⅰの処分等がされることにより重大な損害を生ずるおそれがあること（行訴法37条の４第１項本文）
ⅲ	原告において、被告行政庁に対し、ⅰの処分をしてはならない旨を命ずることを求めるにつき法律上の利益を有すること（同条３項）
ⅳ	（処分の差し止めを求める場合）裁決主義が採用されていないこと）

【要件事実】

【請求原因　Kg】	←	【抗弁　E】
あ　違法性の主張（覊束処分） 　　裁量権の逸脱・濫用（裁量処分）		カ　処分が適法であること 　　（覊束処分）

第8章

仮の義務付けおよび仮の差止めの要件事実

野中英匡

1 ＊ 序 論

　2004（平成16）年の行政事件訴訟法改正により、義務付け訴訟および差止訴訟が導入された際に、仮の義務付けおよび仮の差止め制度が創設された（行訴法37条の5第1項）。

　仮の義務付けは、義務付け訴訟の本案について判断が示される前に、暫定的に本案で求められている義務を行政庁に履行させるものであり、他方、仮の差止めは、差止訴訟の本案について判断が示される前に、暫定的に差止めを命ずるものであり、いずれも私人の権利利益の救済の実効性を確保しようとする制度である[1]。

2 ＊ 訴訟要件

2－1……仮の義務付け

---

　i　仮の義務付けの申立人が相手方行政庁を被告とする義務付けの
　　　訴えを適法に提起したこと

2－2……仮の差止め

---

　i　仮の差止めの申立人が相手方行政庁を被告とする差止訴訟を適

1）宇賀・行政法II346、359頁。

法に提起したこと

（ａ）仮の義務付けも仮の差止めも、それぞれ義務付け訴訟または差止訴訟の本案訴訟が提起されていない限り、申立てをすることができない（行訴法37条の5第1項）。

（ｂ）また、本案訴訟が訴訟要件を欠き、不適法である場合も、本案訴訟が係属されていないこととなるから、申立ても不適法となる。

3 ＊ 要件事実

3－1……請求原因（仮の義務付けおよび仮の差止めのいずれも共通）

ⅰ　償うことのできない損害を避けるため緊急の必要があること（行訴法37条の5第1項および第2項）
ⅱ　本案について理由があるとみえること（同条同項）

（ａ）仮の義務付けや仮の差止めは、本案訴訟において原告が求めているのと同様の状態を、暫定的にせよ前倒しで実現させる制度であり、極めて強力な効果を生ずることから、その要件も執行停止（行訴法25条以下）の場合と比較してかなり厳格なものとなっている。

（ｂ）要件事実ⅰは、緊急性の要件であるが、仮の義務付けおよび仮の差止めの有する強力な効力に鑑みると、安易に要件を緩和して解釈すべきではないから、金銭賠償による損害の回復が不可能または著しく不相当な場合などに限られるものと解すべきである[2]。

（ｃ）要件事実ⅱは、条文の構造上積極的要件に位置付けられるもので

2）大阪地決平成18・5・22判タ1216号115頁等。

あるから、申立人側が主張・疎明責任を負う。

3-2……抗弁（仮の義務付けおよび仮の差止めのいずれも共通）
抗弁①　公共の福祉

> i　公共の福祉に重大な影響を及ぼすおそれがあること（行訴法37
> 条の5第3項）

抗弁②　内閣総理大臣の異議

> i　内閣総理大臣から裁判所に対して異議が述べられたこと（同条
> 第4項、27条4項）

（a）抗弁①については、裁判所が、仮の義務付けまたは仮の差止めの
請求原因が認められるとの判断に達したとしても、公共の福祉の観点か
ら、これらの申立てを棄却しなければならないため、よほどの事情がな
い限り、安易に認めるべきではない。
（b）抗弁②について、裁判所は、内閣総理大臣の異議があった事実の
みを審査するにとどまり、異議に理由があるかなど実体的な審査権は有
しないと解されている[3]。

4 ＊ まとめ

【訴訟要件】
①仮の義務付け

> i　仮の義務付けの申立人が相手方行政庁を被告とする義務付けの

3）執行停止の事案につき、東京地決昭和44・9・26判時568号14頁。

訴えを適法に提起したこと

②仮の差止め

　ⅰ　仮の差止めの申立人が相手方行政庁を被告とする差止訴訟を適
　　法に提起したこと

【要件事実】（仮の義務付け・仮の差止めいずれも共通）

【請求原因　Kg】   【抗弁　E】

【請求原因　Kg】	【抗弁　E】
あ　償うことのできない損害を 　避けるための緊急の必要性	抗弁①公共の福祉 　カ　公共の福祉への 　　重大な影響のおそれ
い　本案について理由があると 　みえること	抗弁②内閣総理大臣の異議 　キ　内閣総理大臣から 　　裁判所への異議

重要用語索引

199

201

判例索引

【本書刊行にあたって】

　要件事実論は、紛争事案に関わる行政書士にとって確実に身に付けておくべき必要不可欠な知識です。また、通常の行政書士業務を行う上でも、その前提知識として有用なものと考えます。

　本書が多くの会員に有効に活用されることを願ってやみません。

日本行政書士会連合会中央研修所

執筆者一覧

佐藤美由紀（さとう・みゆき）弁護士
　　■第1部　民事訴訟編／第3章

城石　　惣（じょういし・そう）弁護士
　　■第2部　行政訴訟編／第3章〜第5章

野中　英匡（のなか・ひでまさ）弁護士
　　■第2部　行政訴訟編／第6章〜第8章

野村　　創（のむら・はじめ）弁護士
　　■第2部　行政訴訟編／第1章

藤代　浩則（ふじしろ・ひろのり）弁護士
　　■第1部　民事訴訟編／第1章・第2章

堀口　雅則（ほりぐち・まさのり）弁護士
　　■第2部　行政訴訟編／第2章

行政書士のための要件事実の基礎　第2版

2016年6月25日　第1版第1刷発行
2020年6月25日　第2版第1刷発行

監　修——日本行政書士会連合会　中央研修所
発行所——株式会社　日本評論社
　　　　　〒170-8474　東京都豊島区南大塚3-12-4
　　　　　電話03-3987-8621（販売）-8631（編集）
　　　　　FAX 03-3987-8590（販売）-8596（編集）
　　　　　振替　00100-3-16
印　刷——精文堂印刷
製　本——難波製本

© 2020 日本行政書士会連合会　中央研修所
装幀／銀山宏子
ISBN 978-4-535-52501-6　　　　　　　　　　　　　　　Printed in Japan

JCOPY 〈(社)出版者著作権管理機構　委託出版物〉
本書の無断複写は著作権法上での例外を除き禁じられています。複写される場合は、そのつど事前に、(社)出版者著作権管理機構（電話 03-5244-5088、FAX 03-5244-5089、e-mail：info@jcopy.or.jp）の許諾を得てください。また、本書を代行業者等の第三者に依頼してスキャニング等の行為によりデジタル化することは、個人の家庭内の利用であっても、一切認められておりません。

行政書士のための行政法[第2版]

日本行政書士会連合会 中央研修所／監修

本書は、行政書士の実務のために書かれた行政法の概説書。新たに土地利用
関係法、審査請求書記載例も加えてバージョンアップ。「特定行政書士」と
して活躍するための必読書。　　◎ISBN978-4-535-52197-1 A5判 本体3,200円＋税

行政書士のための労働契約の基礎

日本行政書士会連合会 中央研修所／監修

行政書士が労働契約書を作成する際に必要な労働法の基礎知識と作成のポイ
ントを、書式や図表、チャートを駆使して明快に解説。
◎ISBN978-4-535-52273-2 A5判 本体1,900円＋税

建設業法と建設業許可
行政書士による実務と解説

日本行政書士会連合会／編

建設業は日本の基幹産業であり、その関係業務は行政書士の基幹業務。建設
業に関する法令や契約の知識を実務専門家が平易に解説。
◎ISBN978-4-535-52366-1 A5判 本体2,200円＋税

法律文書作成の基本[第2版]
Legal Reasoning and Legal Writing

田中 豊／著

訴状、答弁書、準備書面、契約書等の法律文書の「書き方」を学ぶための、本格
的な「リーガル・ライティング」のテキスト。初版は法律書としては異例の10
刷を達成した。その名著が、平成29年債権法改正を反映し、豊富な「演習問題」
や文書例も大幅に改訂。著者ならではのコラムも充実。法律実務家、それを目
指す人、仕事で法律文書を扱うすべての人に、必携の1冊。
◎ISBN978-4-535-52384-5 A5判 本体3,500円＋税

一生ものの資格
19人の行政書士の輝く姿

伊藤塾・法学館／編

市民と行政の架け橋の役割を担う行政書士。日常の業務に憲法の精神を生か
すことのできるその職業の魅力を多分野から語る。
◎ISBN978-4-535-51995-4 A5判 本体1,900円＋税

🐸 **日本評論社** https://www.nippyo.co.jp/